誰も教えてくれない
最速で一流になる方法

コンサル0《ゼロ》年目の教科書

古谷昇

PHP

はじめに（新版）

この本を手にとっていただいて、ありがとうございます。

昨今、書店のビジネス書の棚を見ると、いわゆるコンサル本が非常に多く見受けられます。

多くはボストンコンサルティンググループ（ＢＣＧ）やマッキンゼーなどのトップマネジメントコンサルタント会社の方やその出身者が、一般のビジネスパーソンに向けて、流行の経営コンセプトを解説したり、コンサルタントが使う分析手法や仮説構築法といったノウハウを紹介しているものです。私が十九年間在籍したＢＣＧの後輩たちや、その後、仲間と創業したドリームインキュベータ（ＤＩ）の後輩たちも、たくさん出しています。

しかし、この本はそれらとはちょっと毛色の違ったものです。

この本は、簡単にいうと、**若いコンサルタントが、早く、楽に、一人前のコンサルタントになれるよう、私の経験をベースに、そのコツを書いたもの**です。

つまり、もとはコンサルタントの育成のための本で、それを一般の方が読んでも楽しめるように平易《へいい》に書いたものです。

この本は、私が二〇〇四年に『もっと早く、もっと楽しく、仕事の成果をあげる法』というタイトルで出したものを改題し、再刊したもので、もとの本は長らく品切れになっていました。

しかし、紙の本が品切れになった後、中古の本に一万円を超える値段が付くようになり、電子書籍で読めるようになってからも、コンサルタント業界の方を中心として、毎年根強く売れていたため、版元のPHP研究所が再刊しようと企画してくれました。

この背景からわかるように、この本には一時の流行の話は書いてありません。

その代わり、**二十年たっても変わらない考え方が書いてあります。**

本文中の個別の事例や固有名詞、人物の肩書などは当時のままですので、そこはご勘弁《かんべん》いただきたいと思います。文章のトーンも当時の勢いで書いたままです。

さて、少し話が逸《そ》れますが、そういうコツを重視した人間が、その後、どういう人生を送ったのかということを、みなさんの参考までにご紹介したいと思います。

つまり、私自身のその後ですね。

私はこの本を出した後、四十八歳のときにＤＩの代表取締役を辞め、実は、セミリタイアの生活に入っています。

これは、少し前に流行《はや》ったＦＩＲＥとは違うライフスタイルです。自分の時間を三分割し、「仕事」、「投資」、「遊び」で三分の一ずつ、バランスを取って過ごすライフスタイルです。

「仕事」では社外取締役やアドバイザーを数社でやっていますが、コンサルティングは一切やっていません。プロジェクトベースのコンサルティングと違って、どの会社とも長く深い付き合いをさせていただいていて、会社の成長や浮き沈みも共に味わう貴重な経験をしています。

「投資」では、後輩たちのベンチャーに投資したり、もちろん通常の金融商品や実物不動産にも投資をしています。投資という以上、金儲けの話ではありますが、とくにベンチャー投資は、人生の楽しみとして損得抜きに後輩たちのためにやっている面がかなり大きいです。

「遊び」は旅行とか趣味とかで、フルタイムで働くとなかなかできないことをやっています。

もちろん、この分類は厳密なものではありません。

たとえば、二〜三年ほど筑波大学のビジネススクールで客員教授もしていましたが、学生(社会人)相手に楽しい時間を過ごしましたし、報酬はびっくりするくらい安かったので、これは分類としては「遊び」に入るかもしれません。

また、こういう活動の中で、自分が関係しているベンチャーの上場に立ち会うことも多くあります。自分の会社の上場はＤＩ一社だけですが、社外取締役として他に三社も上場をご一緒しました。会社の成長を共に喜べるのは幸せな仕事です。

このような感じで、コンサルタントのときよりさらに経験の幅が広がり、新しい知見も得ました。

このライフスタイルを勝手に「黄金の三分割スタイル」と称して、私は大変気に入っています。

しかし、このスタイルをみなさんにお勧めすることが、ここでの趣旨ではありません。当然、もっと違う、素晴らしい生き方もあると思います。

ただ、自分はどうしてこのようにやってこられたのかを考えたとき、**コンサルティングから離れて、新しい活動形態になっても、この本に書いてあることが私のベースであり、その後の人生もこの考え方のお陰《かげ》だな**と改めて思っていることをお伝えしたいのです。

そういう意味で、個別の事例にとらわれず、この本のベースに流れるコツという考え方を読み取っていただければ、幅広い方々の役に立つのではないかと思う次第です。

二十年の時を経て、改めて新しい読者のみなさんに読んでいただくことは、正直恥ずかしいという気持ちもありますが、私にとって望外の幸せです。

この古い本を見出し、今回の機会を作っていただいたPHP研究所に感謝いたします。

二〇二三年八月

古谷《こたに》　昇

はじめに（旧版）

世の中には、ハタから見ると、さして苦労もしていないのに仕事がうまくいっている人と、苦労してなんとか回している人、それから仕事ができない人がいる。

誰でも、できるなら最初のグループに入りたいと考えるのは当然だ。しかし、多くの本は、二番目のグループで生き残るための精神論や手法に終始したものが多い。

先日、ある雑誌の記者が私のところに取材に来た。彼は、いかにうまく時間を使うかという特集を予定していて、そのための取材をいろいろな人にしているところで、先にインタビューしたあるコンサルティング会社のパートナーから、「ドリームインキュベータの古谷というのは、ボストンコンサルティンググループ時代からほとんど大して働かないのに仕事がうまくいっている。このテーマなら古谷に聞けばヒントがあるはずだ。もしいいことがわかったら自分にも教えてほしい」といわれて、私を訪ねてきたという。

ところが、一時間以上にわたってインタビューしたのに、ちっとも彼の求めるような答えが私から引き出せなかったらしく、ついに、彼の特集記事から私のパートがなくなってしまった。

別に私が意地悪をしたわけではない。私だって、それだけの時間をつき合って、何も載らないのは気持ちよくない。しかし、なぜこうなったのかと考えると、彼は私から、スケジュールの立て方とか、アポの入れ方といった、テクニック的なノウハウを聞き出したかったのに、その手のものに関しては私が何も特別なものを持ち合わせていなかったからである。

しかし、彼がよそから聞いてきた私の仕事振りは、別にウソではなく、もちろん本人としてはいろいろ苦労している部分もあるつもりだが、他人との相対感でいえば、「楽《らく》している」と見られているのは事実である。したがって、ちゃんとノウハウはあるはずなのです。

そこで、なんとかこの仕事のやり方を説明できないかと考えて書いたのがこの本である。

私の仕事が経営コンサルティングなので、話の事例は、コンサルティングという仕事をベースに書いてあるが、**本書ではビジネス一般に応用の利《き》くノウハウの話をしているつもり**である。

つまり、二十数年にわたる経営コンサルティングを通して得たコツを、わかりやすくみなさんに伝えようとした産物である。コンサルタントになるための、もしくは経営手法をお勉強するための教科書ではなく、コツとは何で、コツを身につけるためのノウハウや使い方を書いたつもりだ。

これを知っていただければ、きっとみなさんの仕事がもっと早く、楽しくできるはずだ。とくに若いときからこういうことを知っていれば絶対に得だと思う。さらに、「もっと早く、楽しく」を説明する本が、難しくて硬《かた》かったらバカみたいなので、思い切ってざっくばらんなトーンで書かせていただいた。その分、少し筆がすべったり、論理的な説明をはしょった部分があるが、この趣旨に鑑《かんが》み、ご容赦《ようしゃ》願いたい。

では、さっそく中身に入りましょう。

コンサル0年目の教科書――誰も教えてくれない最速で一流になる方法　目次

第2章 戦略的思考が知恵を生む

第4章 実践力を身につけよ ― 仕事を通じて

第1章

アッという間に一流になれる仕事の学び方

早く一流にならなければ楽しくない

人には本音《ほんね》と建前《たてまえ》がある。

ビジネスも同じだ。人がなかなか本音をいわないように、ビジネスの世界でもほんとうのことはなかなか語られることがない。

会社に入ってしばらくするとイヤでもわかるのだが、先輩や上司の誰もがみんな懇《こん》切丁寧《せっていねい》に仕事のイロハを教えてくれるかというと、とんでもない。そんなのはせいぜい最初のオリエンテーション期間ぐらいのことだ。

いざ職場に配属されると、まずは「聞かないと何も教えてくれない」のが基本であり、いまでも昔の徒弟《とてい》制度さながら「失敗して叱られながら、初めて仕事の何たるかを覚えていく」というのが一般的である。

そもそも上司や先輩たちは、新入社員の教育をメインの仕事だと思っていない。彼らの現実は、今月の売上げ目標を達成しなければならないとか、期日までに新商品をなんとしてでも完成させねば、といった目の前の仕事にアップアップなのである。

だから、新入社員を育てなければいけないと頭ではわかっていても、つい「オレたちだって、仕事は身体で覚えてきた」とか、「同じことを何度もいわせるな」ということになってしまう。

つまり、新入社員たちが教えてもらえるのは、せいぜい実際の現場に出る以前の、「仕事に対する心構えはこうあるべきだ」みたいな建前論くらいである。当然ながら、まだ半分は学生みたいなときに教えられたそんな奇麗事《きれいごと》が、現実のビジネスで役に立つはずがない。

簡単にいえば、仕事なんか誰も教えてくれないのが現実なのだ。

その結果、どういうことが起こるかというと——。

まず、新入社員たちがビジネスの現実にようやく気がつきはじめるのは、少なくとも二年、三年の現場経験を経てからだ。そのころから彼らは、ようやく「一人前」と呼ばれるようになる。

しかし、一人前になったくらいでは、まだまだほんとうのことは見えていない。

ほんとうのことが見えてくるのは、一人前の先の「一流」になってからだ。一流と呼ばれるようになるまでには、個人差も大きいが、そう、一人前になってからさらに五〜七年は必要なんじゃないだろうか。新卒入社から数えると、ざっと十年だ。

一流になってみないと、仕事の楽しさもほんとうにはわからない。それまでにタップリ十年かかるというのは、なんとも壮大な時間のムダ遣いである。

それでも、確実に一流の域に達することができるというのなら、まだいい。

それこそビジネスの現実を語れば、辛《つら》いだけの〝修業期間〟に耐《た》え切れずに会社を辞めていく人たちが、枚挙《まいきょ》にいとまがないほどたくさんいる。十年なんて、なかなか耐えられるもんじゃない。

自分には何のスキルもなくて、上司へのゴマスリ、お追従《ついしょう》の茶坊主《ちゃぼうず》になって生き残ろうなんて芸当はできない時代だから、これでは困る。なんとしてでも一流、せめて一人前レベルのビジネスマンには、早いとこなってしまわないといけない。

一流になるまでの修業期間などは、いまの半分にしなきゃダメだ。

それに、修業をもっと楽しいものにする必要もある。

いまよりもっと「早く」、もっと「楽しく」仕事を覚えよう――。まずは、これを本書の最初のテーマとしたい。

私はこれ、さほど難しいことではないと思っている。

何事にも必ずコツがある

それには、明らかに仕事を教える側の意識も変えないといけないのだが、これはなかなか難しい。いや、不可能に近いかもしれない。

なぜなら、いま書いたように、彼らもまた、仕事はこうあるべきだ、などという建前しか教えられないできた〝犠牲者〟だからだ。だから、自分の仕事はできても、教え方を知らない。

たとえば、彼らが新入社員にデータ収集の仕事などをさせるとすると、つい自分が昔に教えられたとおりに、「修業になるから時間を惜《お》しまずやりなさい」などといってしまう。

ホントはそんな、一流になるまでに十年もかかるような建前論なんか、いってちゃいけないのだ。

手を抜かれては困るが、かといって新入社員たちは別にデータ収集のプロになりたいわけではなくて、いずれは自分が集めたデータを分析し、料理し、そこから独自の仮説や結論を導き出すという、ほんとうに知恵を使う仕事をしたいのだし、また、そう思っていなくてはいつまでたっても一流にはなれない。

彼らが到達したい目標をハッキリさせれば、教えるべき、あるいは学ぶべきことは自《おの》ずと見えてくる。

できるだけ早くそこに行き着くにはどうすればいいか。建前論などは排して、あくまでこの現実的な視点に絞って考えていけばいいのである。

すると、時間を惜しまずひたすらデータ集めを続けるなんて、単なる時間のムダ遣いだということになる。

私なら、データ収集などはなるべく短時間で済ませてしまうのを望む。あとは、夜の巷《ちまた》へ出て行って怪しい体験をしたり、あるいは真面目《まじめ》に夜間の専門学校にでも通うか、何でもいいから自分なりの時間を持ってもらうほうが、彼らの将来のためによっぽどいい。

会社側にとっても、データ集めにムダな残業代を払わなくてすむから、大いに助かる。

これがビジネスの現実だ。

そのためにはこちらも、「このデータはあそこにある」「あのデータはそっちね」と努めて具体的に教えるし、併《あわ》せて経験から知っているデータ集めの「コツ」も伝授する。とくにいくら働いても会社を儲けさせられない「半人前」の段階のときは、上司や先輩が惜しまず仕事のコツを教えることで、なるべく早く「一人前」になってもらうべきである。

もちろん一人前から先、一流になるまでに踏むことになるいろんな段階の一つひとつにも、それぞれ必ずコツというものがある。それらについては、いまから話の流れに沿って具体的に書いていくが、ここで一つだけお願いをしたい。

それは、いまこの時点からあなたの考え方を、**「教えてもらう」から「自《みずか》ら学んで**

やろう」に方向転換してほしい、ということだ。多くの上司や先輩がほんとうに役立つ教育（教え育てる）方法を知らない以上、あなたのほうで積極的に学習する（学び習得する）しかないからである。

しかし、これはふだんから持っていてほしい姿勢であって、とりあえずこの本を読むあいだは、その限りじゃないから大丈夫。

教えることに関しては、私、ちょっと自信があるのだ。

知恵を出すのが経営コンサルタントの仕事

ところで、あまり優秀すぎる人は、総じて教え方が下手である。

ということは、オマエはあんまり優秀じゃなかったのかって？

はい、そのとおり。

私はいま四十代半ばであり、ボストンコンサルティンググループ（以下ＢＣＧ）に入社したのは、もう二十何年前になる。そのときの私は新卒採用で、まだビジネスの世界なんか右も左もわかっていなかった。

一方で、当時は経営コンサルタントという職業が「一部では」の但《ただ》し書きつきではあるが、ようやく日本でも注目されはじめたころであり、BCGには能力も実績も折り紙つきの中途入社組が他業種からたくさん入ってきていた。MBAも持ち、経歴だけ見ればキラ星のごときキャリアの人たちで、私などまるで相手にならなかった。

収入も、同じヒラのコンサルタントなのに、彼らの収入は私の倍以上であった。それが当然だとわかってはいても、やはりわが身と比べてしまって、ひどく落ち込んだものだ。

少なくとも私は、当時のBCGで序列をつけるなら、並か、その下くらいからのスタートだったと思う。

しかし、である。

結果としては、まず新卒者がやるリサーチ・アソシエイト（RA）から始めて、シニア・ヴァイス・プレジデント（SVP）にまでなった日本人は、BCGでは私だけだった。その間、私よりもずっと優秀で、もっとよく働いた人たちが、壁にぶつかったりして、たくさん辞めていった。

　ちなみに、RAは種々《しゅじゅ》の調査資料を集めたり、先輩コンサルタントたちの下についてアシストをするのが仕事。要はまだ一人立ち以前の段階だ。そこから「コンサルタント」「マネジャー」「オフィサー（ヴァイス・プレジデント）」と上がっていく。BCGのオフィサーの年収は五千万円くらい。その中からSVPが生まれる。SVPになれば、年収は一億円を超える。

　繰り返すが、私が入社したころは、日本では経営コンサルタントという仕事自体ができたばかりの黎明期《れいめいき》だった。前例などはいっさいなく、仕事のノウハウも確立されていないから、ぜんぶ自分たちで一からつくっていかなくてはならない。誰かが教えてくれるなんてことは、もとより期待できなかったのだ。いまになれば、大変ではあったが、ある意味それがかえってよかった。**誰にも教えてもらえなかったので、結果的に学び方や発見の仕方を自分で覚え、これがその後の私の成長を支えた**からだ。

　また、先輩の仕事を見ていてなんとなく覚えたものではなく、すべてが自分なりにコツを見つけて身にしみこませたノウハウだから、その教え方もよく心得ている。

そんなこんなで、私がいちおう経営コンサルタントとしての仕事をまっとうできているのは、あるとき、仕事を覚えるにはコツがある、と気がついたからだと思う。それ以来、楽に仕事を覚えられるようになった。

経営コンサルタントの仕事は、結局のところ知恵を出すことだ。その意味からすると、私の場合は、ラクショーでやっていける知恵の出し方を知った、のだといえる。

「お勉強」で身につけるノウハウの限界

物事のコツについては、以前聴いた面白いラジオ番組を紹介したい。

小学校の児童に初めて跳《と》び箱を跳ばせると、必ず何人かは跳べない子どもが出てくる。その番組では、そういう子どもでもいきなり跳び箱を跳べるようになるコツを紹介していたのである。

ふつうの先生だと、たとえば「助走スピードが足りないから跳べないんだ。もっと遠くから勢いをつけて走ってこい」とか「踏み切る位置はここだ、ここ!」などと、必要なポイントを一つひとつ挙げて教えるだろう。そして、その子ができないポイントを跳ぶごとに指摘しながら、ともかく何度か繰り返しやらせて跳べるようになるのを待つのが常だ。

それではダメだ、というのである。

私も賛成。そんなんじゃダメである。

これでは、運動神経が優れている子は別にして、〝運痴〟の子どもはそのうちイヤになって落ち込んでしまうだろう。そうなったら、本来はラクショーで跳べるだけの能力があるはずなのに、その子はいくらやらせてもなかなかうまく跳べるようにならない。

やはり、跳び箱をうまく跳べるようになるのにも、それなりのコツがあった。

答えは、まず両腕で体重を支える感覚を覚えさせる、これに尽きるというのだ。

だから、何度も何度も実際に跳び箱を跳ばせる必要はない。一回やらせてみて跳べなかった子には、たとえば床の上で体重を支える感覚を教える。具体的には、床に座らせ、両脚のあいだに両手をつかせて、両腕で身体をちょっと浮かせてみろ、といえばいい。

こうしてほんの数分間、その子なりに両腕で体重を支える感覚を確かめたあとで跳び箱にトライさせると、みんな面白いように跳んでみせるという。これには大いに納得できる。

こういうのをコツというのである。

こうしたコツの効用は、ビジネスにおいても何ら変わらない。

思うに、人のあらゆる活動に関わるノウハウには、どうやら次の三つのレベルがあるといっていいだろう。

①意気込みでやる

②手法、テクニック、知識でやる

③コツでやる

①はもちろんのこと、②までは、これまでも会社である程度までは教えてくれた。

まず①。何事にもヤル気、精神論が必要だというのは真理だが、いってしまえば、これは当たり前のことでもある。もっというと、あくまでスキル対スキルで勝負しなくてはならない局面などでは、意気込みも単なる気休めにすぎなくなる。

また、このレベルでの鍛え方としては、地獄の特訓だの、はなはだしきは一種の洗脳に近いようなものさえあった。いまや、こんなのもう流行らない、と多くの人が思っていることも手伝って、①は学ぶ際の実効性も薄くなっている。
②のレベルは精神論一辺倒《いっぺんとう》よりはマシだが、まだいまひとつ物事の本質には遠い。これらを身につける方法は、ほとんどが「お勉強」形式によるものだからだ。ここで覚えたことを他にも広く応用できるか否《いな》かの汎用性《はんようせい》についても、そんなに多くは期待できない。
最後にオススメの③である。

達人といわれる人たちはみな、このレベルで物事を会得《えとく》する。

これは分野を問わない。だから、一芸に達した者同士は分野が違っても話が合うというし、同じく名人は名人の気持ちを知るともいう。

また②と対比させると、**このレベルで身につけたノウハウには汎用性があるし、さらに一度覚えたら決して忘れない。**

ノウハウは少なく覚えて広く活用せよ

わが身を振り返ってみると、コツを会得することでノウハウを身につけるというのは、経営コンサルタントに向いている方法でもあったようだ。

というのは、私はこれまでずっと経営コンサルタントをやってきて、他の業界を経験していない。にもかかわらず、二十年以上の長きにわたって、常に異なる業種、異なる会社、異なるテーマを扱ってきた。

特定の知識や手法に頼っていたら、このようなことはとてもできなかったはずだ。

じゃあ、私は何を頼りにやってきたのか。

これは自分の専門分野だから自信を持っていえる。

私はこれまで、経営コンサルタントとして生きていくには、煎《せん》じ詰《つ》めれば「知恵を出せるかどうか」の一点にかかっていると思い定めて、あれこれ自分なりに工夫を凝《こ》らしてきたつもりだ。いままでは、これができさえすれば、どんな業界のどんな会社に行っても怖くないと思っている。

そして、その知恵を出すための基本原理は何かといえば、やはり物事の本質をつかむことで、そこからコツを引き出し、しかもそのコツをしっかりと会得することなのだ。

ここにおいて、**「コツで学ぶ」ことと「知恵の出し方」（あるいは、経営コンサルタントに向いた学び方）とが、非常にうまく交差する**ことになる。

たとえば、身につけたノウハウに汎用性があることなどについては、とくに顕著《けんちょ》である。また同時に、これは実に重要なポイントでもある。

汎用性があるということは、普遍性を持っていることにも通じる。一つのノウハウが、いろんな業界のいろんなケースで活《い》かせるなら、こんなに都合のよいことはない。

とくに、あらゆる業種を扱うコンサルタントが身につけるノウハウには、汎用性が求められる。汎用性があるノウハウなら、少なく覚えて広く応用できる。逆に、これでなくては経営コンサルタントとして通用しないといってもいい。

よく私たちの業界でも、若い人たちから「大企業での業務の経験がないから、組織がよくわからない。ついては、よい仕事をするためにも、短期でいいですから、どこかに出向させてくれませんか」などと申し出があったりすることがある。

熱心な姿勢はいいが、これでは困るのだ。

なぜなら、新しいタイプや業界の仕事を担当するたびに出向したり、万全を期すためだといっていつまでも一つの特定な作業にばかり拘泥《こうでい》していたら、単なる一担当者になってしまうからである。すべてやらなければわからないとか、すべてわからなければ答えが出せないというのでは、仕事にならない。いつか必ず、どこかでキリをつけて店仕舞いをしていく必要があるのも、仕事というものなのだ。

こうした若い人たちの要望は、頭で考えれば正当だし、ほめるべきものだが、残念ながらビジネスには現実というものがあって、事はそんなに単純にはいかない。

つまり彼はまだ、いまだ「ビジネスの現実」を知らず、の段階なのである。

頭がよくて優秀な人で、それなりのキャリアがある人のなかにも、このような基本にはいつまでたっても無頓着《むとんちゃく》なタイプが、意外といたりする。

そういうタイプの人はやはり、物理的にも精神的にも仕事の効率がガクンと落ちて、前に進めなくなってしまう。

テクニックに頼りすぎたらプレゼンは上達しない

ともあれ、私たち経営コンサルタントが身につけているノウハウは、あらゆる業界に応用できる可能性が高い。このことだけは納得いただけたと思う。

ということで、即効性があって、しかも楽しい「仕事の覚え方」講座を進めることにする。

その一は、プレゼンテーションのやり方。これは実は、自分の売り込み方でもあって、業界を問わずすべてのビジネスマンの必須科目になっている。

これが上手にできないと、はなはだ困る。というより、はなはだ損だ。

たとえ、あなたがほんとうは非常に仕事ができて、ちょっと他にはいないアイデアマンだったりしても、それをうまく伝えられなければ、周りの人たちは評価のしようがない。それどころか、プレゼンの場を与えられたときにオロオロして口ごもってい

図① プレゼン上達法

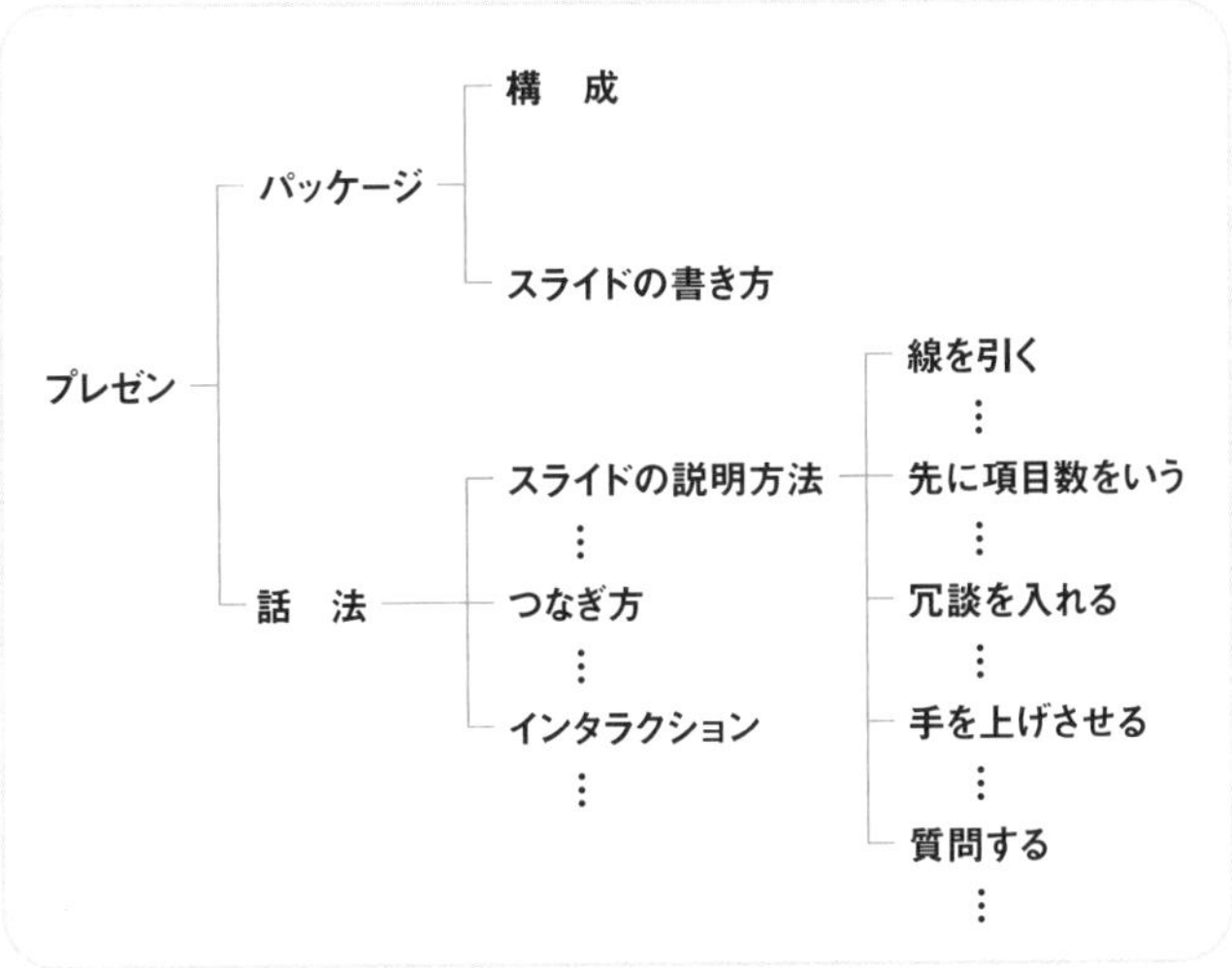

るようでは、たちまち「こいつ、ダメだ」の評価を下されてしまうことになる。

そんなハメにならないように、**プレゼンのやり方だけはしっかりと身につけておいたほうがいい。**

いきなり結論からいく。

プレゼンの要素は「パッケージ」と「話法」の二つである（図①）。

これをさらに分解していくと、パッケージはつまり内容であり、内容の良《よ》し悪《あ》しは「構成」と「スライドの書き方」で決まってくる。伝えたい内容をどんなストーリー構成に仕立てればいいか、どんなスライド（具体的には図や表やグラフなど）を用意すれば聞く人たちに理解されやすいか、である。

もう一つの話法のほうは、要は喋《しゃべ》りがうまいか下手かということだ。

同じく、この話法をさらに分解していくと、「スライドの説明方法」「話のつなぎ方」「聞いている人とのインタラクションの仕方」、その他いろいろとなって、こちらはパッケージに比べてグンと要素が多くなってくる。

さらに、その要素それぞれにいちいち細かなテクニックがある。

スライドの説明方法を例にとると、その場でアンダーラインを入れてみるといい（「線を引く」）とか、たとえば「今日は、いいたいことが三つあります」（「先に項目数をいう」）といって話しはじめるといい、といった具合である。

したがって、プレゼンがうまくなるためには、図①に示した要素やテクニックをキチンと一つひとつ習得していけばいい。気の利いた冗談の一つも交《まじ》えてウケを狙《ねら》う。ときには聞き手に何か質問してみるのも変化がついていていい。大聴衆が相手のプレゼンだったら、お客さんたちに「こういう方いらっしゃいますか」と投げかけて、手を上げさせるのも一つのテクニックだ——。

と、私は、そんなことをいいたいのではない。

逆である。

プレゼンが下手な人にいきなり「ここでこんな冗談を入れるといいよ」「手を上げさせると客が参加意識を持つからいいんだ」などと、部分的な細かいテクニックを一つひとつ教えたってダメなのだ。アドバイスそのものとしては正しいが、プレゼン全体はちっとも上達しない。

だいいち、覚えなくてはならないことが多すぎて、肝心《かんじん》のヤル気が萎《な》えてしまう。

では、どうすればいいのか。

前述した跳び箱の教え方を思い出してほしい。跳べない子に「助走」「踏み切り」「手をつく位置」などとステップを分解して、いちいちテクニックを教えるのは利口なやり方ではなかった。

正解は、**肝心なコツだけを教える**、だったはずである。

プレゼンの極意は「声を大きく」

プレゼン上達法も同じで、最初からたくさんのことを教えすぎたら、かえって混乱してしまうだけだ。

教えるのは、次の三つだけでいい。

①声を大きく

②スライドを見ない

③テンポを変える

これは私の経験上から導いたごく私的なコツだ。もちろん本邦初公開。

両腕で体重を支える感覚を教えると九割方の子どもが跳び箱を跳べるようになるのと同様、この三つを教えると九割まではいかなくとも、ほぼ八割方の新入社員はアッという間にプレゼンがうまくなってしまうのである。

決して私の大風呂敷《おおぶろしき》じゃなくて、ホントにホントなのだ。

そんなウマイ話があるもんかと、にわかには信じられない人もいるだろうから、ちょっと説明を加えておこう。

①に従って声を大きくすると、実はこれだけでもう、プレゼンはかなりよくなる。なぜなら、大きく発声すると、声にハリが出るのだ。ハリのある声で喋ると、聞く人に意思がよく伝わるようになって、説得力が出てくる。

ただし、「がなり立てろ」というのではなくて、肝心なのは声のハリのほうだ。教えるときは、いきなり声のハリといってもわからないから、ごくシンプルに「声を大きく」というようにしている。

②もそうで、逆にいうと「聞き手のほうを見ろ」ということである。これには二つの意味がある。

一つに、視線が聞き手のほうを向いていると、そうでないときに比べて格段の信頼感が出て、同じことをいってもグンと説得力が増す。そしてもう一つ。聞き手のほうを向いていれば、ウケているかいないかみんなの反応がわかるから、場合によっては途中で軌道修正ができる。

これも教えるときにはシンプルに、スライドを見て話せば楽かもしれないが、あえて「スライドを見ないように」といい、それを守らせることで、あとは結果として自分で自然に悪いところ、足りないところに気づいて改善していってもらう。また、よほど周囲のムードに鈍感な人でない限りは、この②を守っていれば、イヤでも自分のプレゼンの欠点に気がつくし、それによって自ずと改善されていくものなのだ。

ここまでで、だいたいみんなかなりのところまで上達してくれる。

最後に③のテンポ。これは三つのコツの中では、やや難しい。

単調に喋っていると、やっぱりどうしても聞き手が飽きてしまう。だから、「テンポを変える」ことで話にメリハリをつけろ、と教えるわけである。

もっとも、これにもやはり二重の意味がある。

まず、テンポを変えようと心がけると、自分がいちばんいいたいことはこれで、こっちはそれに対するつけたしの説明だといったことが、頭の中ではっきり整理されてくるのだ。

自分がいまから話す内容が頭の中ではっきり整理できていれば、強調したいところろ、軽く流すほうがいいところがわかり、話し方に自ずとメリハリがつく。それに応じて、話すテンポも変わってくることになる、というわけだ。

この三つ目までできれば、もう誰もプレゼンなんか怖くない、のである。

以上、三つのコツは一見あまり意味もなさそうな、単純かつ現象論的なことだが、その裏には非常に本質論的な意味合いが隠されているのだ。

つまり、この三つを徹底させると、プレゼンの内容は事前に頭に叩き込んでおけとか、話しながら客の反応をよく見ろなどと、その他いろいろをいちいちうるさくいわないですむ。「声を大きく」「スライドを見ない」「テンポを変える」の三つだけを教えておいて、あとは本人が数回のプレゼンを経験すれば、自然に身についてしまうのだ。

もともと、**あまり複雑なやり方はコツとはいわない。この種の誰にでもできる単純なものを称してコツと呼ぶのである。**

コツで覚えるとふつうの三倍早く上達する

ここで、もう一歩踏み込んで考えてみよう。

いまプレゼンの上達に細かなテクニックは必要ないと書いたばかりだが、実はこれは半分正しくて半分は間違っている。というよりも、半分は正確ではない。

というのは、すでに合格ライン以上のプレゼン能力のある人がさらに上のレベルを目指そうとする場合には、個々のテクニックを身につけていくことが一転して有効な手段となるからである。そのあたりの考え方を、上達法⑴、上達法⑵として図②にまとめてみた。

上達法⑴が一般的な教え方、すなわち細かなテクニックをいちいち教えていくやり方であり、上達法⑵がいま書いたコツで覚えるやり方である。

図②をざっと眺めてもらうとわかるように、⑴はすでにプレゼン能力を身につけた上級者がさらに上達するのに適したやり方だ。しかもこれは、「七十点を八十点に」

図②　何が違うか

上達法(1)	上達法(2)
テクニック	感覚(?)
70点を80点に	40点を70点に
専　用	汎　用
強みの補強	弱みの転換

とあるように、十点幅の能力アップを狙う方法でもある。

対して(2)は「四十点を七十点に」だから、一気に三十点のアップを狙う。具体的には、プレゼン能力がまだ五十点にも達していない一人前以下のレベルから、五十点以上の一人前はもちろん、一流の域も間近な七十点まで引き上げようというのが狙いだ。

同じ時間をかけても、(1)では十点しか上達しないが、(2)ならその三倍の三十点も上達する。

前述したように、半人前レベルはなるべく早くクリアしないと、新入社員は仕事の面白さも知らないうちに脱落してしまいかねない。だから、この段階を(1)の方法でやっていたのは、まったく理にかなっていなかったということになる。新入社員にしてみたら、なかなか先が見えない難行《なんぎょう》苦行《くぎょう》に感じたことだろう。

(2)の方法に転換すれば、そんな不合理はなくなる。

幸いにも私は、(1)の方法のようなかたちで、いわゆるプレゼンの練習をいっさいしたことがない。それでも、BCGに入社して一年くらいすると、周りから「おまえ、急にプレゼンがうまくなったな」といわれるようになった。

そのきっかけは何だったか、あまりよく覚えていない。しかし、その手がかりになりそうな一連の経験には、少し覚えがある。

まずBCGに入って間もないころ、大手化学会社の仕事についていって、ある先輩コンサルタントのプレゼンテーションを見た。仮にBさんとする。このBさんのプレゼンが、新人の私から見ても下手だった。あんなに優秀な人がなぜこんなに下手なんだ、と信じられない思いで見ていたものだ。

頭の良し悪しとプレゼン能力とは、どうもあまり関係ないらしい。ということは、何か他の資質なり工夫が必要なわけだが、それはいったい何なんだ？　すぐにそう感じはしたものの、それが具体的に何なのか、最初はさっぱりわからなかった。

その私の疑問にヒントらしきものをくれたのは、それから何回かセミナーで見ることになる堀紘一《こういち》のプレゼンテーションだった。

上司や先輩のアドバイスは無視しなさい

実は堀と私はＢＣＧでは同期入社である。

とはいえ年齢も経験もまったく違っていて、堀は最初から日本事務所の幹部候補生、こちらは単なる新入社員だった。

いま堀はドリームインキュベータ（ＤＩ）の社長だから、ことさら腕にヨリをかけてほめておくが、そのころから現在に至るまで彼は実にプレゼンがうまい。

もっとも、どこがどううまいかというのは、言葉では言い表しにくいところがある。とにかく、見ていて、聞いていて、グングン引き込まれていくのだ。

これも例の跳び箱の跳び方と同じで、うまい要素を一つひとつ分析してピックアップしてみても、さしたる意味はないのである。やはり部分部分ではなく、全体として捉えておくことが大切なのだ。

ただ、堀のわかりやすい特徴を一つだけ挙げておくと、ある講談師がテレビに出ていた彼の喋りを聞いて、「この声はカネになる」と感心したそうである。これは、前述したプレゼンの三つのコツのうち、声を大きく、その実《じつ》は声のハリ、に通じている。

また、堀のプレゼンを何回か聞いたのと並行してもう一つ、きっとあれがよかったんだなと思う経験をした。

ある航空会社での仕事がそれである。あのときは、同じパッケージのプレゼンをいろんな部署の何人もの人に、繰り返し繰り返ししなくてはならなかった。そして毎日のように、十回、二十回と反復して同じ内容のプレゼンをしているうちに、自然と何か見えてくるところがあったのだ。

これも、具体的に何がどう見えてきた、とは言葉では言い表しにくい。

私は、堀のプレゼンを何回か聞いているうちに、また同時並行で自分でも繰り返し同じ内容のプレゼンをしているうちに、何らかの手応《てごた》えをつかんだのだ。少なくともこうしろと教えられたのではなく、明らかに自ら気づいたのである。

こういう感じをあえて言葉にするなら、それは「気づき」だということになる。

これがコツの世界の学び方なのだ。要するに、**テクニックや手法のようにお勉強形式で身につけるのではなくて、気づきによって学んでいく、わかっていくのがコツ**というものなのである。

図②に戻れば、上達法⑵に「感覚（?）」と記してあるのがこれだ。

当時の私がこのとき悟《さと》ったのは、やはりプレゼンも自分で発見していく学び方が大事なんだよな、ということだった。

この気持ちはいまも変わらない。

堀というデキる人と一緒にいて自ら感じ取ったことを信じる。その航空会社の仕事も同じで、**自分でやってみて気づいたことを大切にする**。こちらのほうが、人から教えられるよりも格段によく身につくし、仕事の役にも立つ。

たとえばゴルフなどもそうで、中途半端にうまい人からアドバイスされても、ほとんど役に立たないことが多い。もし、ものすごく上手な人が非常にうまくコツの部分だけ教えてくれるなら話は別だろうが、そんなことはなかなか望めないのがふつうだ。

また、これは教えてくれる人のせいというよりも、こちらのほうがまだそれを吸収できる段階にないせいだったりもする。プレゼンでいうなら、コツがわかっていない人が、周りのアドバイスに従って説明のなかに冗談を交える練習をしても、それは空《むな》しい努力に終わってしまうことになる。

自分では気の利いた冗談を織り込んだつもりでも、本番で大きく外して冷笑されるハメになることが実際によくある。したがって、ここでミもフタもない結論をいってしまうと、「上司や先輩のアドバイスは聞いてはいけない」のだ。

しかも、あなたの上司や先輩がデキる人かデキない人か、その如何《いかん》にかかわらず、である。

「強みの補強」と「弱みの転換」の違いについて

私も、プレゼン能力がついたと周りから認めてもらえたころ、堀から「おまえ、オレのやり方を盗んだだろ」とからかわれた。

そのとき私は、「いや、そんなことはありません」と答えたと思うが、これは、個々のテクニックを盗んでいるわけではないという意味である。

その代わり、身近にいてただひたすら、いろんなことを感じ取らせてもらった。

そういう**自分なりのさまざまな気づきが、あるとき突然にといったふうにして、一気に実《み》になってくれる瞬間があるのだ。その瞬間が訪れた人は、世間一般でいう「耳ができる」状態になる。**

いったん耳ができると、あとはもう楽なものだ。

いちいち意識して、このテクニックを盗もうとか、こういうのは練習して身につけたほうがいいな、と考えなくてもよくなる。上手な人のプレゼンを聞いているだけで、いままで見えなかったことがどんどん見えてきて、テクニックもノウハウもコツも、いわば勝手に向こうのほうから飛び込んでくるといった感じで、面白いように身についていくのだ。

手本になるようなデキる人をしっかり観察し続けているうちに、それまで蓄積したさまざまな「気づき」が一気にブレークしたごとく、あなたの学習能力にグンと加速度がつく瞬間が訪れる、という言い方をしてもよいかもしれない。

およそプレゼン能力は、とくに意識して鍛えようとしなくても、ただお手本と接しているだけで自然にアップするものなのだ。そのうえにタイミングよく、耳ができたり、あるいはできはじめたときに反復して練習してやると、加速度的に能力アップしていく。

プレゼンに限らず、すべてのことはこの力学に沿って学ぶのがいい。

そのときのポイントは、**お手本を一つひとつ細かな要素に分割して考えずに、全体のイメージで捉えて学ぶこと。知識として学ぶのではなく、自分の気づきから学ぶこと。**この二点である。

自分にはこの要素が足りないとか、このテクニックがマスターできていないとか、いちいち細かなことまで気に病む必要はないのだ。自分に何が足りないかは、自分がいちばんよく知っているんだと割り切って、やがて自分に耳ができるときを待つことである。

なお47ページの図②に示したように、**全体のイメージで捉えて身につけたノウハウは、汎用性を持つことが多い。対して、お勉強形式で学ぶテクニックなり手法のほうは、ある具体的な事例や特定の業界だけに限ってしか使えない場合がほとんどだ。**

プレゼンの上達法⑴のほうを、私は「強みの補強」と呼んでいる。

すでにある程度までのプレゼン能力があって、その強みをさらに補強していくには、こちらの方法がいい。

一方、コツで学ぶ上達法⑵のほうは、「弱みの転換」となる。

新入社員のようにまだプレゼン能力を身につけていない人たちを短期間で一人前に育てる、あるいはもっと欲張って、立派なスキルとして通用するまでに高めていく。弱みを補強するのではなく、いきなり強みに転換してしまうという意味を込めた。

これを可能にするのは、七十点を八十点へと十点だけアップする上達法⑴ではなく、四十点を七十点へとたちまち三十点アップする上達法⑵のほうなのである。

ビジネスマンとしてでき上がったあとからはごくオーソドックスに、細かなテク

ニックを一つひとつ学んでレベルを上げていけ、新入社員はそれでは間に合わないから、コツで学んで短期間のうちに一人前のレベルにまで飛躍しろ、というわけだ。**早く一人前になれば、それだけ早く耳もできてくる。**そのときは、コツで学んできたことによってプレゼンを基本から捉えているから、細かなテクニックもほんとうの意味で血となり、さらに肉となってくれる。

これが最強のプレゼン上達法だと思うのだが、いかがだろうか。

「真面目で努力家」はかえって伸びない

以上、プレゼンテーション能力をアップするのは、私の経験からはさして難しいことではなかった。

しかし現実には、いつまでたってもプレゼンがうまくならないビジネスマンが、あちこちにゴロゴロしている。これはやはり、教え方が間違っている、学び方を知らない、という以外に考えられないだろう。

こうしてみると、もっと広く「何を学ぶか」と「どうやって学ぶか」というのは深く関係してくるようだ、ということも身にしみてわかってくる。

先ほど、プレゼンが上達するためには上司や先輩のいうことを聞いてはいけない、と書いたのもしかりである。プレゼンの基礎さえ知らない人に「気の利いた冗談の一つも交えるといい」と教えるのと一緒で、**何事にも、そのときどきのその人のレベルによって、もらってはいけないアドバイスがいっぱいある**のだ。

これはつまり、新入社員がプレゼンを学ぶときには、上司や先輩のアドバイスを参考にしても上達しない、そういう学び方は間違っている、ということになる。

たとえば、前出のBさんは非常に真面目な方で、上司のアドバイスなどに真剣に耳を傾けていた。プレゼンが終わったあとで、あそこはこうしたほうがいい、ここはこんなふうにしてみろといわれると、素直にそれを取り入れて練習する。「おまえ、落語を聞け」といわれると、さっそく寄席《よせ》に行く。前の日に十回練習してこいといわれたら、そのとおりにキッチリと十回練習してくる努力家であった。

真面目で努力家が悪いわけではないが、現実にはこれではダメなのである。

こういう覚え方をしていたら、プレゼンは一向に上達しないのだ。

繰り返すが、すでに自分なりのコツをつかんだ人が、もう耳ができている状態でアドバイスを聞けば、先輩の助言のうちここだけを参考にしようか、ということがよくわかるからいい。しかし、**自分なりのコツをつかむ前にあれこれいわれて、それを素直にそのまま受け入れていく人は、つぶれていってしまうことが多い**のである。当然これはプレゼンだけにとどまらない話である。

それはともかく、アドバイスを聞くにもタイミングがあるということ。それに、もしかしたらそれが二流のアドバイスかもしれないということ。この二点からいって、周りからのアドバイスを聞き流すのもプレゼンがうまくなるための重要なコツだ、といわざるをえないのである。

もう一つ、真面目で努力家はかえってプレゼンがうまくならない。この意外なビジネスの現実も、ここで忘れずにつけ加えておくべきだろう。

——するだけムダな訓練もある

プレゼンテーション講座の最後は、「本番前の練習」はどんなふうにやればいいか、である。以下、私がいちばんよいと思っている直前の練習法を記しておこう。

これも三つ。もちろん、コツで学ぶ上達法がベースになっている。

①前日に一回だけザッとパッケージ全体を通しておく

これは誰でもやっていることだと思うが、全体を通して口の中でモゴモゴと喋りながら、どのくらい時間がかかるかとか、どんな言い回しをするとどんな感じになるかなどを確認する。

ただし私は、念のためにもう二回、三回と何度も繰り返すことはしない。あくまで一回のみ、である。

②当日にもう一度、サラッとパッケージ全体を流す

当日のいつやるかはスケジュール次第だが、五分もしくは十分程度の短時間でパッと全体を見る。しかも、これも①と同じく、一回だけしかやらない。

五分か十分の短時間で見てしまうと、頭の中に個々の具体的な内容は残らない代わりに、全体の構成、および結局「何をいいたいのか」のみが残る。こうして全体像だけを頭に残してプレゼンに臨《のぞ》んだほうが、むしろスムースにいく。これは私の経験上から、何度も確認済みである。

③直前に出だしの言い回しを改めて反復する

これは会場に向かう電車の中でもいいが、できれば現地に着いてから、自分の出番がくるまでの待ち時間などにやるのがいい。

プレゼンでも講演でも、最初の五分が非常に大切になる。スムースに入れば、喋りやすくなるし、あとはいくらでも言葉が口をついて出るものだ。したがって、スタートを柔らかく出るのか、硬く出るのか、シリアスにいくか、冗談っぽくいくか、この部分だけはいくら経験を積んだ人でも神経を使う。

現地に着いてからがいいのは、その日の聴衆の雰囲気や会場の様子がわかるから、場合によっては予定していた出だしを変更することもできるためである。

事前練習は以上の三つだけでいい。

それよりも、逆にやってはいけない訓練がある。

本番の何日も前からイレ込んで、時間が許す限り何回も何回も繰り返し喋り続けて準備すると、むしろ結果がよくないのだ。なぜなら、練習したとおりに喋ることが自分にとってのいちばん大事なことになってしまうからだ。そうなると、本番でちょっとペースが狂ったり、ちょっとしたワンフレーズを忘れただけで、シドロモドロになったりしかねない。

それくらいなら、②のように全体感だけを頭に入れておいて、あとはそのときの感じで喋ったほうがかえって自然で、聞いているほうも聞きやすくスムースにいくものだ。

よく、前日に喋ってみて自分は下手だと思ったら、納得いくまで何回も練習しなさいといわれるが、上司や先輩のそんなアドバイスは聞いてはいけない。繰り返しの訓練など苦しいだけだし、さしたる効果も期待できないのが現実なのだ。

ここでも結果として、周りのアドバイスなど聞いてはいけない、**ひたすら真面目に**

努力しても伸びない、ということが見えてくる。これらは通常のビジネス常識とは逆の結論だが、私は考えれば考えるほどこれが世の中の真実だと思うようになった。

たかが効率、しょせん効率

というのは、「理解する」と「わかる」とでは意味がまったく違うのである。

人から教えられることも、ふつうのビジネスマンならたいてい理解はできる。しかし、それは単に理解できただけで、まだわかったとまではいえない。これが、自らでコツをつかんだというのなら、ほんとうに何かがわかったといえる。

つまり、コツをつかんで自ら身につけたことが「わかった」であり、誰かのアドバイスを聞いて身につけた（つもりになっている）ことは「理解した」レベルにすぎない。さらにいえば、聞いて理解した程度のことをもとにいくら努力し鍛錬《たんれん》しても、物事はほんとうには身につかない。

要は、**ほんとうに何かを身につけるには、誰かから教えられてもダメで、あくまで**

自分で事の本質をつかんで学び取るしかない。

これを式で表すと、

「わかる」＝「理解する」×「こなれる」

となる。この「こなれる」が大きなポイントになってくる。

たとえば、上司から「自己管理がいちばん大切なんだぞ」といわれたら、若い部下は「もちろん、それは十分にわかっています」と答えるだろう。しかし多くの場合、上司がいいたかった自己管理と、部下が理解した自己管理とのあいだには、大きなギャップがある。

若い部下にも、自己管理なる言葉自体は理解できる。それが大事だとか、きちんとしなくてはならないものだ、ということが理解できないほどバカでもない。しかし、上司のほうは、いろいろな経験上から、自己管理がいかに大事かを身をもって知っている。

いわば、自己管理を頭で知っているだけの部下と、頭の中だけでなく体験で追認して知っている上司。部下のは単なる理解だが、上司の理解には「こなれる」の要素も入っているから、彼我《ひが》の違いは非常に大きい。

プレゼンのやり方でも人脈の築き方でもなんでもいいが、ハウツウ本に書いてあるコツを自分でやったこともないのにいきなり読んでも、ピンとこないことが多いと思うのだ。

同じように、武芸者が師匠からもらう免許皆伝《めんきよかいでん》の書を一般の人間が読んでも、そこに記された文章は容易に理解できるかもしれないが、おそらく、それが何を意味しているのかはさっぱりわからないだろう。剣客《けんかく》が師匠のもとで長く厳しい修行を積んで、その果てにようやく免許皆伝を受けて初めて、ごく簡潔な言葉で記されている奥義《おうぎ》の意図するところがわかるのである。

こういうのが典型的な、こなれているかいないか、の違いだといえる。

ところで――。

私は本書の冒頭に、いまのビジネスマンは一人前および一流になるまでの修業期間が長すぎると書き、せめていまの半分に縮めろとまで書いた。しかしこれは、もっと修業を効率化しろ、といっているのではない。

効率化ということであれば、私はむしろそんなお手軽な響きの言葉は嫌いである。

いくら効率化といったって、しょせん限度がある。

ビジネスマンとして必ず経験を積んでおかないといけないこと、避けて通れない修業というのはどの業界にもあって、それだけは自分で実際にやってみて身につける必要があるのだ。私の主張は、それを身につけるときにコツで覚えるようにすれば、いまの半分の時間で修業をこなせる、という意味である。

これももちろん、効率化の一種ではある。

しかし私は、**身につけるべきものはできれば他の人よりもたくさん身につけるほうがいいし、そのためには時間も努力も、また必要なムダというものも惜しんではいけない、ビジネスマンとしての修業を安易《あんい》にはしょることで効率化するのはダメだ、**と思っている。そのうえで、**それでも修業はいまの半分の時間ですむ**はずだ、といいたいのだ。

真意は逆に、たかが効率、しょせん効率、なのである。修業の効率化で促成栽培《そくせいさいばい》して成功したビジネスマンの例を、私は知らない。

くどいようだが、以下の展開にも大きく関わってくる関係もあり、この真意はぜひとも押さえておいていただきたいと思う。

ビジネスマン成長の四段階

ふつうビジネスマンは、修業段階に応じて地位も年収も上がっていく。

これまでは、無能なサラリーマンでも社内遊泳術がうまければそれなりの地位や年収を手にすることができたが、これからはそんな日本独特の例外は基本的にはありえない。そんなバカな人事をしていたら、会社がつぶれてしまう時代になったからだ。

喜ぶべきことに、ようやく日本社会も、自ら工夫し努力することでスキルアップして会社を儲けさせれば、それに応じた見返りが期待できる、というふつうの力学で動く社会になってきたようである。

だから、私たちは、なるべく早く一人前から一流のビジネスマンになり、さらにその上を目指すこと、これだけに専念すればいい。

図③　どういう感覚が持てれば60点か

① RA …………… 自分から動く

② コンサルタント …… ウケる

③ マネジャー ………… スタンスをとる

④ オフィサー ………… 信頼される

私たちコンサルティング業界を例にすると、通常、コンサルタントとしての成長段階、あるいは修業段階は、次の四階層に分かれる（図③）。

①リサーチ・アソシエイト（RA）

②コンサルタント

③マネジャー

④オフィサー（ヴァイス・プレジデント）

試みに、これを①半人前、②一人前、③一流候補、④一流と置き換えてみると、まあだいたい、どんな業界にも当てはめることができるだろう。

ちなみにSVP（シニア・ヴァイス・プレジデント）は超一流とすればわかりや

すいのだが、そう呼べる人は現実にはほとんどいない。これは他業界でも同様だと思う。したがって、ここは別格でグレイゾーンとしておく。

新卒でコンサルティング会社に入ると、まずRAになる。二十年ほど前、私もここからスタートした。RAを何年かやるとコンサルタントになり、マネジャー、そしてオフィサーへと階段を昇っていくわけだ。

コンサル会社も当然ながら人事制度を持っており、何十という項目からなる細かな人事評価も実施している。たとえば、観察力三点、分析力四点、プレゼン能力三点、好感度二点などとチェックしていって、人事の際の参考にするのである。

私もDIの取締役なのだが、どうも現場意識が抜け切らない。

だから、人事担当者には申し訳ないのだが、部下たちには細かなチェック項目なんかいちいち気にするな、といっている。物事を覚えるにはコツをつかむのが大切であるのと同じで、現場では社員の資質を細かな要素に分けて判断して仕事を与えても、現実にはうまくいかないことが多い。

やはり**仕事は、その人の全体感、「人間力」とでも呼ぶべき総合力で成否が決まる**

ものだ。平均点がよくても人間力は出てこない。むしろ、他はぜんぶダメでも、強烈な得意技を一つだけ持っているといった社員のほうが、モノの役に立つ。

そこで私はあるときから、キミらがいまのポジションで一人前になっているかどうかを自己判断するには、と以下のような判断基準を与えるようにしている。

①RA＝自分から動く

②コンサルタント＝ウケる

③マネジャー＝スタンスをとる

④オフィサー＝信頼される

これらのことができていると自分で感覚的にわかれば、彼らはもうそのポジションで六十点以上、キチンと仕事をこなせるようになっているという意味である。

学校を出たばかりで右も左もわからないままRAになったら、最初は上司や先輩にいわれるままでも仕方がない。会社にしても勝手に動かれては迷惑なだけである。そこから次第に仕事を覚えて、与えられたことを自分の判断で動いてこなせるようになれば、このポジションはとりあえずOKということだ。

これがコンサルタントになると、相手はお客さんでも上司のマネジャーでもよいのだが、自分のいったことがウケたとわかったら、まあ一人前ということになる。マネジャーの条件の「スタンス」というのは、プロジェクトを進めていくうえで起きるトラブルに対して、自分としてはこちらがいいと立場を鮮明にして舵取《かじと》りができるか否かである。

残るオフィサーは、スキルには何の問題もないのが当たり前だから、お客さんや上司、部下たちから信頼されているかどうかが問われることになる。

最初は「形から入る」ことも必要になる

このように、ビジネスマンとしての成長を測るにも、個々の要素を一つひとつチェックするのではなく、コツの話と同じく全体感を大切にして感覚的に捉えていくのがいい。そうでないと、いったいオレは成長しているのかいないのかと、かえって混乱してしまうことになる。

図④　外から見える変化

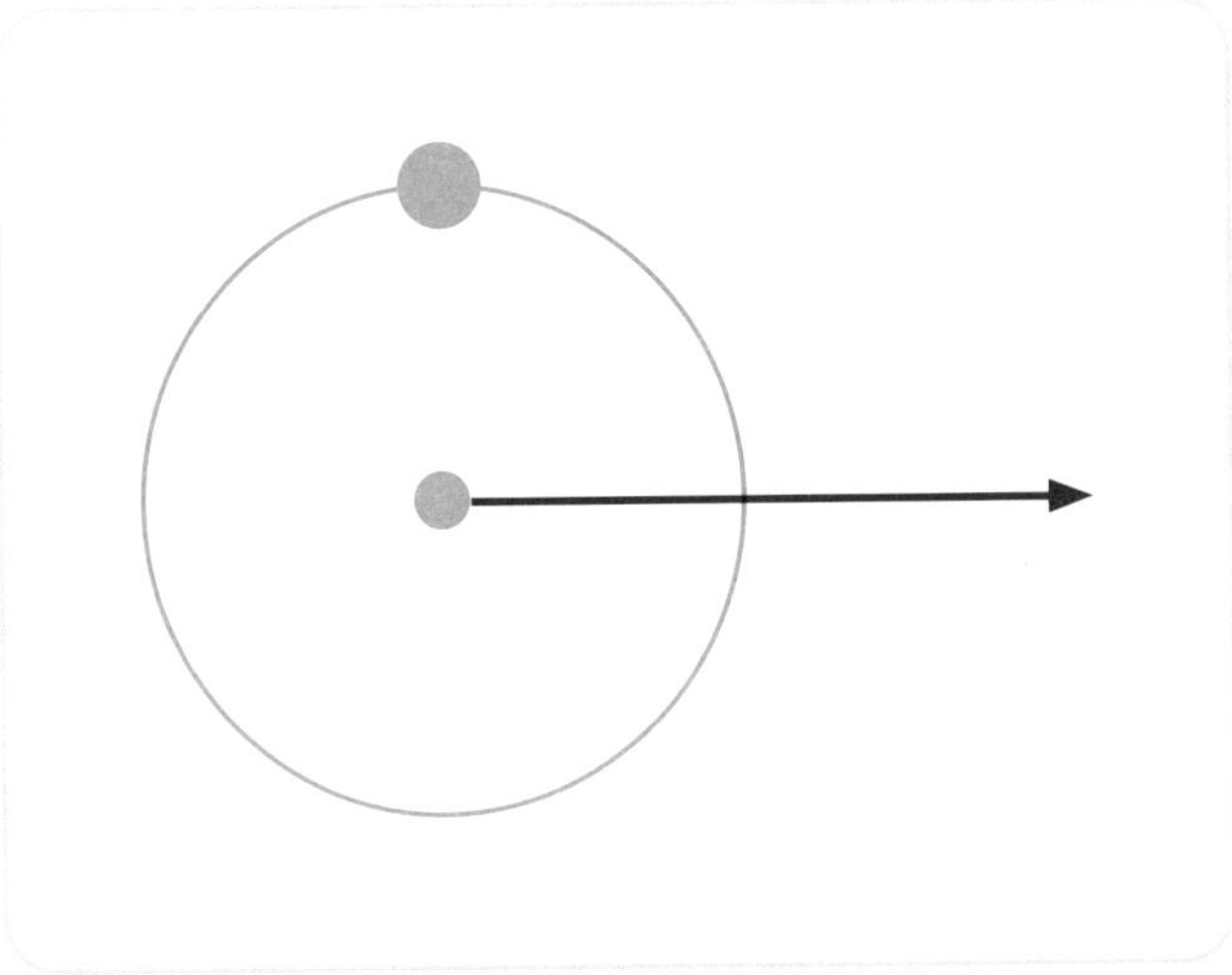

なぜなら、**人の成長というのは直線的じゃない**、からである。

オレも上達したなと思っているとうまくいかないことがあって、また上達したと思ったら再びうまくいかなくなるときがくる。行きつ戻りつ、そんなことの繰り返しで成長していくのがふつうだ。

しかしその実、経験を積めば積むほど、コツを身につければつけるほど、人は着実に成長していくのである。

これを図④にしてみた。

円の中心を太陽、円周上の点を地球と考えるといい。太陽すなわち円の中心は、着実に右へ右へと移動していく。これがあなたの成長である。一方で、地球は太陽の周りを回るから、円周上の点は常に上から下、下から上へと動いている。

これら一連の動きを外から見ると、人間の目には円の中心が右へゆっくりと着実に動いていく「内面的な動き」はなかなか捉えられず、円周上を動く点の「表面的な動き」のほうにだけ目を奪われてしまうものだ。

右へ進むのを成長とすると、円周上の点は非常に早く右へ進むときと、一向に進まなかったり、左へ少し戻ったりするときがあり、惑わされる。人は表面上、こういう動きを繰り返す。

しかし、心配は無用。いまの説明のとおり、肝心の円全体は、あなたの内部で着実に成長の方向に向かって動いているのである。

こういうことは、個々の要素を一つひとつチェックしていく視点では、円周上の点の表面的な動きにばかり惑わされてしまうことになって、決して捉えられない。やはり全体感を持って、表面的な動きのほうではなく、人の成長を示す円全体の着実な右への動き、言葉を換えると内部での本質的な動きのほうを捉える必要がある。

それが、前記①RAから④オフィサーまで、それぞれに挙げておいた「自分から動く」「ウケる」……、などの感覚的チェックで可能になるのだ。現象論的なことが実は本質論ともなっている点、これもまたコツの一種にほかならない。

――と、ここまで話を進めておけば、あとは論より証拠。これまでの話をエピソードで肉づけしていくのがよさそうだ。

まずは、私が学卒で①RAになったばかりのころのこと。直属の上司から、販売店の人に電話して「なぜいまこんな商品が売れているのか」のインタビューをしてこい、といわれた。相手を知っているわけではないから、いわば飛び込み営業みたいなものである。

まだ学生と変わらないころは、これがなんというか、やりきれないほど恥ずかしい。

何件か当たってみて断わられ、たまらず上司に訴えた。

「まったく知らない人にいきなり電話をして、インタビューさせてくれといったって無理だと思います」

「ああ、そう、ところで何件くらい電話したの?」

「五件です」

「じゃあ、百件電話してみな」

クソーッと思ったが、他に妙案もない。よし、百件いくぞ！　と半分ヤケクソで、とにかくやってみることにした。

すると不思議なもので、十件目くらいからなぜか相手の感触がよくなってきて、ボチボチと話が聞けるようになってくる。一件でも話が聞ければ、自信がつく。自信がつけばもう電話するのも恥ずかしくない。

もちろん、バカ正直に百件もの電話をする必要もなかった。

結果オーライなのである。

これ、物事は理屈じゃない、とにかく形から入ってみて、やっているうちに何かに気づき、そこから自分でコツを学び取るしかない、そういうレベルの話だといえる。

こんなときは、上司が何も教えてくれない、と嘆《なげ》くのは間違いだ。仕事を教えるも何も、上司や先輩にしてみれば、教える取っ掛かりがない。**やってみて失敗したとか、他はできるようになったがこれとこれだけがうまくいかないとか、最低限の経験**

がないと何かを教えるのは無理なのだ。

逆にいうと、これは、部下に上司や先輩の教えを吸収できる下地《したじ》が何もない状態ということにもなる。そういう状態の部下にコツを教える方法は、いまだ発見されていない。もしこの手法が確立できたら、それこそノーベル賞ものである。

私もこのとき、物事には「形から入るしかない」ということもあるんだ、と痛感した。

理屈抜きに「やるっきゃない」段階もムダではない

つまり、コツを教えてもらうにも、少なくともこうしたごくごく初歩のレベルからは、自力で抜け出しておかないと話にならないわけだ。こういうときの、何も考えずにとにかく百件電話してみるというのを、必要なムダと呼ぶのである。

次の②コンサルタント時代にも、やはりこれと同じような経験をしている。

プレゼンテーション、いやこれはプレゼン以前の中身の問題といったほうがいい。

コンサルタント業界の場合、お客さんの前で話す以前に、必ず社内ミーティングでプレゼンをやらされる。たとえば、自分はこの二週間でこんなことを考えましたということをスライドにまとめて上司の前で発表するのだが、これも最初は何も教えてもらえないブッツケ本番なのだ。

最初のときには、自分なりに頑張って何日か徹夜までして書いたものを、二枚目くらいまで発表したところで「もういいよ」と止められて、その場で傍《かたわ》らのゴミ箱に捨てられてしまった。

こちらは情けないやら、なんてことするんだと内心の憤《いきどお》りを抑えられないやらで、ほとんどパニック状態のところに容赦ない言葉が浴びせかけられる。いわく、何をいっているのかわからない、スカスカで内容が何も詰まっていない、オマエ何も考えていないんじゃないのか……。

もちろん私は、手を抜いたわけではない。本人としては、一生懸命に考えて書いているし、たくさんの内容を盛り込んでいるのだ。それだけに、どこをどう直していいのかさっぱりわからず、ただ途方に暮れるのみ。上司もまた、具体的な指示は出してくれない。

これが、RAのときの百件電話のコンサルタント版なのだ。何回か社内プレゼンをやって屈辱を味わってからでないと、何かを教えてもらうことすらできない。

これはいまだからわかることなのだが、つくったスライドの表現の問題であったり、ストーリー構成が悪いという表面的なレベルの誤りなら、何もゴミ箱に捨てる必要はないのである。上司が赤ペンで直してやったり、言葉で指摘してあげればそれですむ。

そういうのではなく、これはそれ以前の話で、私はどういう内容が面白いのかさえわかっていなかったのだ。何が面白いのかがわからなければ、面白くしようがない。RAのときの例と同じく、ここはマニュアルでは教えようがないのである。

そこを自分で抜け出すまでは、社内プレゼンを何回やってみても、上司は「まだどこか違うなあ」といった抽象的な言葉を繰り返すだけ。上司としても、部下が経験を通じて感覚的に何を考えればいいのかをつかみ、どんなのが相手にウケるのか、何がみんなにアピールするのかがわかってからでないと、そういう言い方しかできないのだ。

ここを抜け出すにはコツも何もない。バカバカしい話になってしまうが、とにかく「やるっきゃない」のである。気持ちとしては、それこそ百回の社内プレゼンだ。やってみて、またうまい人のを見て、自分で悟るしかない。

これは中身の問題だから、客や上司がいったい何を知っていて、どんなものを求めているのかがわからなければいけないし、もう一度深く考えるというのは、何をどうすることかがわからなければいけない。しかし、これも試行錯誤の果てにわかるときがくる。

ビジネスと学問の大きな違い

まあ、大枠《おおわく》でだいたいこんな戦略を立てて、自分なりにあれこれとやっているうちに、ついに報《むく》われる日がきた。

これがちょっと面白い。

たしか海外関係のプロジェクトだったと思う。コンサルタント時代のあるとき、私は外国人オフィサーの下で仕事をすることになった。とはいえ、お客さんは日本人である。その外国人オフィサーはかなり上のレベルにいる経営コンサルタントだったが、日本語はまったくわからない。したがって、私がプレゼンをやることになった。

正面にお客さん、脇にはそのオフィサーが控えている。

このときは、話し終えてみて、私としてはウケたと思った。ちなみにこれは、バカウケというのとは違って、話が通った、伝わった、こちらのペースに引き込んだ、といった感触に近いものである。

すると、会社に帰る道すがら、上司のオフィサーがいった。

「今日のおまえのプレゼンは大変よかった。お客さんに絶対に通じているよ」

この上司は日本語がわからない。私がプレゼンでどんな内容を喋ったか、理解できてはいないのである。それでも大いに満足してほめてくれたのだ。

これは嬉しかった。あのとき私は、二重の意味で喜んだ。

一つは、一流の経営コンサルタントに自分のプレゼン能力を認めてもらえたことに対する素直な喜び。そしてもう一つは、ほめてくれた彼もまた、プレゼンのときの言葉がうまいとか下手というのではなく、私がお客さんにウケているか否か、という感覚的なものを判断基準にしていたのを知った喜びである。

ウケるにはプレゼンと中身両方が揃《そろ》う必要がある。たしかに、中身をつくるのはうまいがプレゼンが下手な人、逆に中身をつくるのは下手なのに意外とプレゼンがうまい人、経営コンサルタントにもいろんなタイプがいる。しかし面白いもので、あるレベルを超えて一流の域にきている人たちは必ず、プレゼンも中身づくりも、ともにうまいのだ。

これを改めて説明するなら、私たちは別に学問をやっているわけではない。学術論文を書くのとは違って、コンサルタントとしてパッケージをつくる際には、お客さんの気持ちを十分にわかったうえで作業にかかる。そういうことができる人が、プレゼンだけがまったくダメということはありえないのだ。

このあたりは、すでに説明した三つのコツの意味（59ページ〜）と併せて読んでもらえると、より深く納得していただけるはずである。

弱みの克服と強みの強化、どっちが大切か

さらに、③マネジャーや④オフィサーになると、コンサルタントとしての個別のスキルは身につけてしまっているのが基本で、求められるものもそれまでとは変わってくる。

それを「スタンス」「信頼」と並べてみると明らかなように、より全体感に関わる部分が重要になってくるのである。個々のスキルに加えて、きちんとした全体感を持ったところから滲《にじ》み出てくる総合力とでも呼ぶべきもの。これが必要になる。

要求は厳しいが、本書では①RAと②コンサルタントに必要とされるものを身につけるにも、**まず全体感から入れ**、と繰り返しいってきた。これは、やがてマネジャーに、そしてオフィサーになるときまでを見越しての、長期的な展望に沿ったノウハウでもあったことになる。

実は私は、コンサルタントからマネジャー、オフィサーになっていく期間に、一つ

のテーマにぶつかった。それは、これから先は自分の弱みを一つひとつ補強していくべきなのか、強みをさらなる強みにすべく磨いていくべきなのか、この二者択一である。

正直なところ、この答えは私自身の中で、まだはっきりとは出ていない。私だけではなく、これについては要は考え方の好みの問題だといったふうで、みんながそれぞれの立場であれこれといったり書いたりしている。

ただ一つはっきりしていると私が思うのは、弱みをいちいち補強していこうとすると、自分の欠点を無限に埋めていかなくてはならなくなり、無間地獄《むけんじごく》ならぬ「穴埋め地獄」に入っていってしまうということだ。これは、ビジネスの現実の一例として先に挙げたエピソード、若い経営コンサルタントが「私には企業経験がないから体験入社をさせてくれ」というのと同じである。

こういうのは際限《さいげん》なく連鎖《れんさ》していくのだ。

コンサルタントばかりしていて企業経験がないから体験入社を、というのはまだしもわかるとして、それで運送業界に勉強に行ったとする。すると、次に小売業界の仕事がくれば、今度は「どこかのデパートに体験入社しないと自信が持てない」と言い出しかねない。こうして、経験のない違った業界の仕事に当たるたびに体験入社していったら際限がなくなる。世の中には無数の業界があるのだ。

果ては、自分は広い業界知識と十分なスキルは持っているが、年齢が若いからお客さんを説得できない、という。じゃあ、年齢を上げるにはどこに体験入社させればいいんだ、ということになる。

これは極端な話にしても、穴埋め地獄に入ってしまうと、本人は大真面目でも、端《はた》から見ていれば笑い話になりかねない。

それに、体験入社ですべての業界をクリアしてしまったら、一転してタダの人である。

広い業界知識はあっても肝心の得意技が持てないのでは、どの業界に行っても平均的サラリーマンくらいはできるかもしれないが、企業トップにも直言できるようなコンサルタントにはなれない。これでは意味がないのである。

話は戻ってしまうが、やはりコンサルタントに限らず、**デキるビジネスマンたる者**

は、少なく覚えて広く応用できるような、汎用性のあるノウハウを身につけることだ。私たちには避けられない時間的な制約があるから、これがビジネスの鉄則でもある。

一方の「ひたすら強みを磨く」はどうかというと、これもなかなか簡単ではない。たとえば私も若いとき上司から、「ＢＣＧはプロの世界なんだから、自分の強みを磨いてさらなる強みにして生き残れ」とアドバイスをもらった。いまのＤＩの社内でも、このアドバイスをよく聞くことがある。

ところが、私は結局このアドバイスには従わなかった。

このアドバイスは正しい。しかし、自分の周りに強みだけを磨いて成功した人間は不思議にいないこともあり、私自身はこれでよかったんだろうなと思っている。

たぶん、この種のアドバイスをもらう人は、何か直さないといけない弱みがあって、でもそれを直せない人なのだろうと思うのだ。弱み、つまり苦手なことをいつまでやっていても疲れるだけだし、時間的な効率も悪い。それなら、いっそ強みをさらに補強して、その強みを武器にしたスペシャリスト的な生き方をせよ。

たしかに悪くない。とはいえ、これは明らかに次善の策だ。その弱みが致命的なものであったら使えない。でも、直せない弱みをいつまでもいじっていて何になる？

かくして、私の頭の中は弱みと強みの堂々巡り。結論を出せないままに、現在に至っている。どっちでもいいようではあるし、同時に、どちらもしっくりこないのだ。

で、結局のところ、私はどうしてきたか？

最強のビジネスマンは「融通無碍」である

これは、ちょっと説明が難しい。

しかし、私の仕事術の「肝《きも》」でもある。

だから当然のこと、本書でいちばんいいたいことである。説明を避けては通れない。

たしか五年ほど前のことだと思うが、若いコンサルタントたちのための勉強会をしたことがあって、そのときに使ったテキストに、残念ながらいまは不調で、当時の世界一の強さに陰《かげ》りが見えている格闘家の桜庭和志《さくらばかずし》さんを例にして、強みと弱みについて喋ったことがある。参考までにその話を。

技に対しては、必ず返し技というのがある。およそ型があるものは、研究したりされたりの繰り返しで、絶対的な強みにはならない。型にはまったら強いのだが、ちょっとかわされたりスカされたりすると、意外なほど脆《もろ》いところもある。

いかにも強そうだったり、型が決まっているものには、必ず限界があるのだ。

そこで桜庭さんである。彼は写真などで見ると、他の屈強な格闘家に較《くら》べて少しも強そうに見えない。失礼ながら、何かヌボーッとしていて、身体も筋骨隆々ではないし、素人目《しろうとめ》からはタダの人にさえ見える。しかし、こういう人が強いのだ。

これはビジネスでも本質のところでは同じである。

ビジネスの世界でも、**一つひとつのテクニックやスキルにこだわらないで、全体感、あるいは「しなやかさ」で勝負するタイプが、最終的には強い。**こういう人は「どこからでもこい」という構えになって、たとえば「体験入社を」なんて言い出さない。これなら、どんな業界のどんな会社に行っても、キミたちはラクショーでやっていけるんだよ。

――と、あの勉強会では以上のようなことを喋った。

これに言葉を当てれば「融通無碍《ゆうずうむげ》」ということになる。最強のビジネスマンになるには、強みや弱みにさえこだわらない融通無碍の姿勢がふさわしい。②コンサルタントになって、さらに③マネジャー、④オフィサーに進もうとする時期から、私は一貫してこの構えでやってきた。

仕事はテクニックではなくコツで覚えよ、汎用性のあるノウハウを身につけよ、上司や先輩のアドバイスは無視しろ、真面目で努力家は伸びない……、私がここまで書いてきたことのすべての源流は、つまるところこれである。

いささかの具体的なノウハウを交えはしたものの、本章はやむなくロジックに終始してしまった感がある。その代わり、なんとか私の仕事術の基本底流は伝えられた。そんな手応えがある。ここさえわかっておいていただければ、あとの話は早い。

次章からは、ビジネスの現場でそのまま使える仕事術を中心に、なるべく具体的なコツを紹介していくつもりである。

第2章

戦略的思考が知恵を生む

まずはビジネスの意外な真実から

十数年の経営コンサルタント経験を積めば、誰だって、まあオレもなんとか人並み以上に仕事ができるようになったんじゃないか、くらいの自信はできる。現実に私もBCGでシニア・ヴァイス・プレジデントになっていた。

ところが、そんなとき突然、大きな転機が訪れた。

いまの会社、DIの創業話である。当時BCGの社長だった堀が、いきなり独立を私に告げた。

青天の霹靂《へきれき》、寝耳に水——と、あのときの様子と以後の経緯を記せば、読者の方たちにもそれなりに興味深く読んでもらえるはずの話が書けそうだ。しかし、それはここでは省いて、結果のみ記す。

BCGでの仕事は主に大企業相手のコンサル、DIの創業目的はベンチャー育成。ついでにいえば、DIでの年収はBCGのときの四分の一以下になる。仕事面、生活面、その他もろもろのことを考えると大きな冒険ではあったが、私は最終的に新天地での新たなスタートを選んだ。

それから数年。いろんなベンチャーの育成を手がけてきて、いくつか面白いことに気がついた。

なんといっても、その第一は「戦略」についてである。

いわずもがなだが、経営コンサルタントの生命線は「経営戦略の立案能力」ということになる。ＢＣＧでは、戦略を大企業に売っていた。いまは、大企業に加えてベンチャー企業にも戦略を売っている。あるいは指導、アドバイスしている。

そこで質問。**経営戦略がより必要なのは、大企業のほうでしょうか、ベンチャー企業のほうでしょうか？**

じらさずに即答しておく。**正解はベンチャー企業**のほうなのである。

意外な答えだと感じて当然。経営戦略のプロである私たちも、頭ではこれを理解してはいたが、前章の言い方でいえば、ほんとうにしみじみ「わかった」（＝理解する×こなれる）のは、ＤＩでベンチャー育成を実際に手がけてみてからなのだ。

ベンチャー企業の人たちは、だいたい「やるべきことはわかっているが、人がいないのでできていないだけ。戦略より営業を紹介してくれ」と考えている。

ちなみに、コンサルティング会社が売る戦略は安くはない。いや、一般的にいえば高い。だからベンチャー企業だと、戦略に予算をかけようとはなかなか考えづらい、という現実もある。

しかし、ほんとうはそれではダメなのだ。

ベンチャー企業のような小さな会社ほど、あらかじめキチンとした戦略を立てて経営に当たらないと、それこそちょっとした風に吹き飛ばされてあっけなくポシャってしまうことにもなりかねないのである。このことは、以下に記していく話を読んでいただいた後なら、まさに「しみじみ」わかっていただけると思う。

それでも、使える資金が少ない企業には戦略立案料が高くて払えないという問題は残るが、これも大丈夫。コンサル会社に戦略を発注する資金的余裕がないなら、**あなた自身が戦略を立てて会社に提案すればいい**。これならタダだし、もちろんのことあなたの評価は大いに高まる。もちろん、コンサル会社によっては、対価を成功報酬やストックオプションなどで受け取るところもあるので、キャッシュが苦しいベンチャー企業でも検討してみることは可能だ。

「戦略」と「単なる思いつき」

ところで、まずは素朴な疑問。いまでは戦略という言葉が当たり前のように使われているけれど、みなさんほんとうに戦略の意味をわかって使っているのだろうか。というのは、戦略を定義しようとすると、意外と難しいのである。

だから、そもそも戦略って何なんだ？　ここから入ってみたい。

実は、DIを立ち上げてしばらくして社員募集をしたとき、経営コンサルタントの経験者だけでなく、さまざまな業界からいろんな人が応募してきた。そんな中の一人に、ある大手の投資銀行から転身してきたAがいる。

Aが「実に面白いんですけどね……」と語ってくれたところによると、彼が投資銀行でM&Aの仕事をしているとき、お客さんに対して「ウチは戦略的アドバイスを含めてM&Aをお勧めしています」といっていたらしい。

面白いというのは、その「戦略」なるものに、人によって大きな差があるというのだ。

たとえば、その投資銀行は、ある業界シェア三位のメーカーに対して、「業界五位のB社と一緒になれば、シェアが増えて業界一位になれますよ」とアドバイスしたことがあった。さすがにこれだけでは、いわゆる戦略なのかどうかの判断はちょっと難しい。

そこで、ちょっと中身を見てみる。

その投資銀行のある担当者は、今日は業界三位のメーカーがお客さんだからと、『会社四季報』と『マーケットシェア事典』を引っ張り出して眺《なが》めた。すると、かの三位企業のシェアは一七%で、一位企業は二五%であった。さらに、二位企業以下はシェア争いが混沌《こんとん》としていて、二位一九%、四位一四%、五位九%、六位七%……と続いていた。

当然のことながら、五位以上の会社と一緒になれば、単純計算でシェアが二五%を超え、業界一位になれることは誰にでもわかる。

自分のところより下位はM&Aの対象にできるとしても、シェアが拮抗《きっこう》している四位企業を無理矢理に買収するのは決心しづらいかもしれない。じゃあというんで、彼は業界五位のB社とのあいだのM&Aを提案することにした。

これは戦略じゃありません、断じて。

対して、ある別の担当者もお客さんに「業界五位のB社とのM&A」を勧めたとする。ところが、じゃあ、これも戦略ではないんだな、と思ったら大間違い。結果として同じ提案になったとしても、実はこちらは立派な戦略だった、ということがあるのだ。

この担当者は、『会社四季報』や『マーケットシェア事典』を見たところまでは同じでも、そのあとが違った。

彼は、たしかに二つの会社のシェアを足せば一%の差で業界一位になれるが、それは単に表面上のことにすぎないことを知っている。だから当然のこととして、二つの会社の内容をつぶさに分析してみた。

たとえば、両社の経営資源にはどういう重なりがあるか。一緒になると余分になるものが出てくるケースは当たり前にある。M&Aとなれば、そういうものは切り捨てないといけないかもしれない。逆に、M&Aによって両社の強みと弱みをうまく相互補完できて、労せずして企業体力がグンと増す部分だってあるだろう。

もちろん、M&Aをする際のコストの問題、それ以前に業界一位になることでほんとうにメリットがあるのかなどの業界特性や経済性、販売チャネルなどを考慮に入れて分析しておくべきことは他にもたくさんある。そういうものをあらゆる角度から考えてみたら、この二つの会社は意外なほど相性がいい、ということがわかった。

こうしたさまざまな熟慮の結果として、彼はお客さんに業界五位のB社の企業買収を提案した。

これなら、立派な戦略である。

戦略に対する二つの誤解

Aの提案は前者だったか、後者だったのか。

Aはいま DIで活躍しているのだから、答えは後者ということになる。

前者のような提案は、単なる表面的な「思いつき」でしかない。後者の、Aがしていたような、**あらゆる角度からの調査、検討、分析がなされていることで、提案に「深み」があって初めて戦略と呼ぶに値《あたい》する。**

戦略に対する誤解を生んでいる原因の一つがこれだ。

同じ提案であってもお手軽な思いつきにすぎない粗製濫造《そせいらんぞう》のもの、よく練《ね》られていて立派な戦略になっているもの、世の中にはこの二種類が混在していて、それが物事を難しくしている。冷汗《ひやあせ》、脂汗《あぶらあせ》を流して知恵を絞《しぼ》り、全身全霊を傾けて戦略を立てているつもりの私たちにとっては、なんとも迷惑な話である。

よく考えられた戦略は、壁にぶち当たって低迷していた会社を劇的に甦《よみがえ》らせるだけの、驚くべき力を持っているものだ。私はこれまでのコンサルタント生活を通じて、そういう事実をたくさん見てきた。そんなときお客さんからは、経営コンサルタント冥利《みょうり》に尽きる、というほかないほど感謝されることにもなる。

かといって、**戦略というものは万能ではない。**

これが、戦略に対する二つ目の誤解である。

万能説というのか、たとえば「気功」では、気を流すと病気が治るといわれている。これはたぶんウソではなくて、気功が非常によく効く人もいるのだと思う。しかし、これがエスカレートして、気功をマスターすれば病気など何でも治る、ガンも治ってしまうということになったら、明らかにウソである。

ガンを予防する紅茶キノコ、野菜スープ、トマトさえ食べていれば大丈夫、こうした類《たぐい》の万能説はあとを絶たない。そして、溺《おぼ》れる者は藁《わら》をもつかむで、この間違った万能説が意外なほど世に受け入れられたりするのだ。

戦略もこれと似たところがあって、戦略さえあればもう大丈夫、落ち込んでいたウチの会社もこれで一気に復活だね、というわけにはいかない。

BCGの創業者ブルース・ヘンダーソンも同じく、戦略は万能ではないといっている。

そもそも、戦略コンサルティングというコンセプトを最初に提唱したのは、ブルース・ヘンダーソンである。

彼は、自分が生み出した戦略コンサルが周りの誰にも受け入れられないのに苛立《いらだ》って、ではオレがその効用のほどを実証してみせてやろうじゃないかと、それまでいたコンサル会社を飛び出してＢＣＧを創業した。結果、ヘンダーソンの信念は見事に証明されて、ＢＣＧはみるみるめざましい躍進を遂げた。

最初は冷ややかな目で見ていた他のコンサル会社も、これを静観しているわけにはいかないと、いっせいに追随《ついずい》して戦略コンサルに参入した。かくして、いまでは世界中のコンサル業界が、例外なくすべて戦略コンサルで商売するようになっている。

世界のコンサル業界を変えてしまったほどのコンセプトをつくったヘンダーソンが、その著書の中で、ビジネスで成功するには何が必要かと聞かれて、「成功の一番の鍵は運である。そして二番目が戦略だ」といっている。

二十数年前にＢＣＧに入社したとき、創業社長ヘンダーソンの著書からこの言葉を見つけた私は、ああ、この人いいことをいうなあ、と大いに感心したものだ。

たしかにそうである。戦略があればビジネスは成功するのかといったら、それはウソだ。**戦略はビジネスにおいて一、二を争う大切な要素だが、運も大切だろうし、他にも大切なことがいくらでもある。**

すなわち、戦略は万能ではないのだ。

以上、戦略に対する二つの誤解を解いていただいたところで、いよいよ実践編である。

ビジネスで大事なのは売上げか利益か

世に戦略論の本はいっぱい出回っている。

いろんな人が書いていて、内容もそれぞれ微妙に違う。

そうした本にも何冊か目を通してみて、それ以上に私自身の経験則から思うに、戦略の基本は次の二つに尽きる。

①差別化が利益を生む

②戦略とは資源配分である

戦略論をいち早く身につけるためには、この二大要素以外のことはとりあえず考えないほうがいい。

もちろん、戦略には他にもいろんな要素があるが、そんなものをいちいち覚えていたら、あれこれ混乱するだけで、肝心のコツがさっぱりつかめないことになる。繰り返しておくが、単純で、しかも誰にもできるものをコツという。

まず①の差別化である。

これだけを見れば実に当たり前の話にすぎないが、案外そうではない。ここを誤解している人がたくさんいる。覚えるのは右の二つだけでいいのだから、逆にこれらはキチンと押さえておいていただきたい。

ここで知っておいてもらいたいことは、**自分がいかに努力したか、あるいはどんなにすごい商品を開発したかということは、「利益」とはまったく関係がない**ということである。

どんなにすごい商品をつくったとしても、モノマネの後追いであれ何であれ、それと同じものをほかの人がつくれるのだったら、決して利益は出ない。これはビジネスの世界は競争社会である、という認識からきている。

その商品がどんなにすごくて、どんなに人手やコストがかかって、どんなにアイデア満載で、いくら世のため人のためになるものであっても、そんなことは関係ない。同じようなもので競争すれば、必ず叩き合いになって利益がなくなるというのが、ビジネスの世界の常なのである（ちなみに、これもブルース・ヘンダーソンの基本コンセプトだ）。

逆に、**どんなバカバカしいようなものでも、他の人がつくれないものであれば利益は出る**、というのがビジネスの現実。この基本中の基本が意外と見過ごされている。

というのは、これが**利益ではなくて「売上げ」になると、話がぜんぜん別**だからだ。売上げというのは、要は世の中にたくさんのニーズがあるかどうかで決まるから、努力して世のため人のためになる商品を開発すればいい。そうすれば、その商品は非常に広く普及して、当然のこと売上げも大きくなる。

しかしそれを他でもつくれたとしたら、いつか必ず「儲からない」という事態に陥《おちい》ってしまうのが、競争原理というものなのである。

これは当たり前のことなのだが、世の中でかなり優秀な経営者とされている人たちであっても、どうしても最後のところで誤解、あるいは錯覚していることが多い。

設備投資をして、社員たちが努力してすごい商品を開発したのに、どうして儲からないんだと嘆く。気持ちは痛いほどよくわかるけれど、それは他の会社もやっているから、こと利益となると難しいですね、と答えざるをえないのである。

したがって、戦略を考えるときには、相対性というものが重要になる。

実際、戦略論を勉強してみるとすぐわかるが、どんなテキストにもみな「自分の力」の他に、必ず「競争の中での自分の位置づけ」や「環境の変化」や「時間の経過」などを見なさい、戦略はこういうものを見ることでできるんです、と教えている。

書き方としては、〈五つのＦに注目せよ〉などと著者によっていろいろ工夫されているが、いいたいことは同じ。**効果的な戦略を立てるためには相対性重視の視点でいけ**、ということなのである。

ビジネスは売上げではなく、ほんとうは利益が大事だということ。**そのためには商品の質ではなく、あくまで差別化要素が必要**だということ。ほとんどの戦略論がここを出発点にしていて、私もそれで正解だろうと思っている。

いまだからこそ「戦略的思考のススメ」

そして②の資源配分だ。

これもごく当たり前の言い方で、部分的にはいろんなところに出てくるが、なかなか理解されにくいところがある。

たとえば、**戦略からは発明は生まれてこない**。戦略は万能ではないから、戦略を立てたからといって、それだけで会社の資金力が増したり、技術者の商品開発能力がアップしてくれるわけではないのである。

しょせん**戦略というのは、いま会社が持っているものをどう組み合わせるか、でしかない**。どこかから手を抜いて、そのぶんをどこかに集中させることで、結果としてより大きな成果を得る。いってみれば、戦略の本質はこれだけのことなのだ。

そういえば、少し前のベストセラー本に『「捨てる!」技術』というのがあった。戦略の要諦《ようてい》もまた、一面では捨てる技術だといっても間違いではない。

だから、何かをするためにそこにヒトやカネを当てたら、必ず他のどこかを捨てなければならなくなる。よくありがちな、アイデア満載で、あれもこれもみんなやりましょう、というのは戦略ではないのである。

ということは、**企業体力がない、人がいない、お金がないというなら、そういう会社ほどより戦略が必要になる**わけだ。

これが大企業だと、戦略をある程度までルーズに考えていても、結果オーライということがありうる。

そして、ここでビジネスの現実をいっておくと、現状ではベンチャー企業も大企業も、日本のほとんどの会社には戦略がないに等しい。

いちばんの典型が、たとえば企業の「中期計画」なるものだ。これは、生産部門はコストを一割削減しましょう、商品開発部門は新商品の比率を二割アップさせましょう、営業部門は販促費を抑えて売上げの三割増を、などと書いてあり、それを足し合わせると、わが社の業績は今年からこういう上昇カーブを描いて伸びていきます、というものである。こういう部門別計画をただ足し合わせてつくった中期計画を、「ホッチキス中計」という。

もちろんこれを戦略とは呼べない。

ウチには中期計画がありますというのと、戦略がありますというのとは違うのだ。この種の中期計画は単にやりたいこと、やるべきことを足し合わせてつくっただけの「努力目標」にすぎず、戦略にはなっていないのである。

別の言い方をすれば、ウチは生産部門にはお金をかけないで、営業部門に徹底的にカネとヒトを投入して勝っていくんだ、という資源の傾斜配分、**偏《かたよ》った資源配分をするのが戦略**だといえる。

これまで日本の企業は何事にも平等が大好きで、とくに人事面などは頑《かたく》なに「公平」ならぬ「平等」を旨《むね》としてきた。仕事の能力に明らかな差があっても、同期入社の人たちはまあだいたい同じペースで主任から係長、課長、部長と昇進していく。

もし、若い社員が主任から課長に二階級特進なんて抜擢《ばってき》人事があったとしたら、社内からは間違いなく「いくらアイツが会社を儲けさせているからって、あまりに不平等だ。許せん」と声が上がるだろう。

こういう企業風土だと、生産部門の予算を大幅に削《けず》って営業部門に回そうといった戦略的な発想は、あまり期待できない。

しかし時代は変わって、抜擢人事も当たり前に行われるようになっている。これまでの日本企業がどこか間違っていたのである。

経営戦略もこれと同じだ。説得力のある根拠とその説明は必要になるが、削減対象部門からの不平等だ不公平だ云々《うんぬん》の声はあえて無視してでも、思い切った戦略的思考をしていくべきである。

それでこそ、会社を大きく儲けさせるために役立つ、すばらしい知恵も生まれてくることになる。

——戦略づくりの五大ポイント

いま挙げた二大要素を正しく理解しておくと、非常によく戦略が見えてくる、あるいはわかってくるはずなのだ。

そのうえに次の五ポイントをマスターするといい。これで、あなたの戦略的思考を申し分ないレベルにまで高めることができる。しかも、いち早く、である。

①マクロ思考

②切り口の選択

③競争

④トレードオフ

⑤定量化

これらは戦略的思考をフルに働かせる際の最重要ポイントであり、「戦略づくりの五大ポイント」であると考えておいていただければよい。

もとより戦略を立てるポイントは、挙げていけばきりがないほどある。しかし、やはり例によって他のポイントには、ここでは意を用いる必要はない。

とりあえずこの五つだけに絞って、まず理解し、それが経験を経てこなれていわゆる「耳ができる」状態のところまでいったとき、あなたは戦略的思考法を自然にマスターできているのである。

戦略づくりのポイント 1

マクロの視点で考える

――戦略づくりの万能ツール

ビジネスは理論どおりにはいかないものだから、いくら本を読んだり経営セミナーでお勉強しても、うまくいくわけがない。

この意見については、私も先に同じようなトーンのことを書いた。ところが、あるいくつかの理論についていうと、経験以上に役に立つものがあるのも事実である。

そんな中の一つに、私が駆け出しコンサルタントのときに教わって「ああ、戦略論ってのもずいぶん役に立つんだな」と思うきっかけになった理論がある。

図⑤　V字カーブ

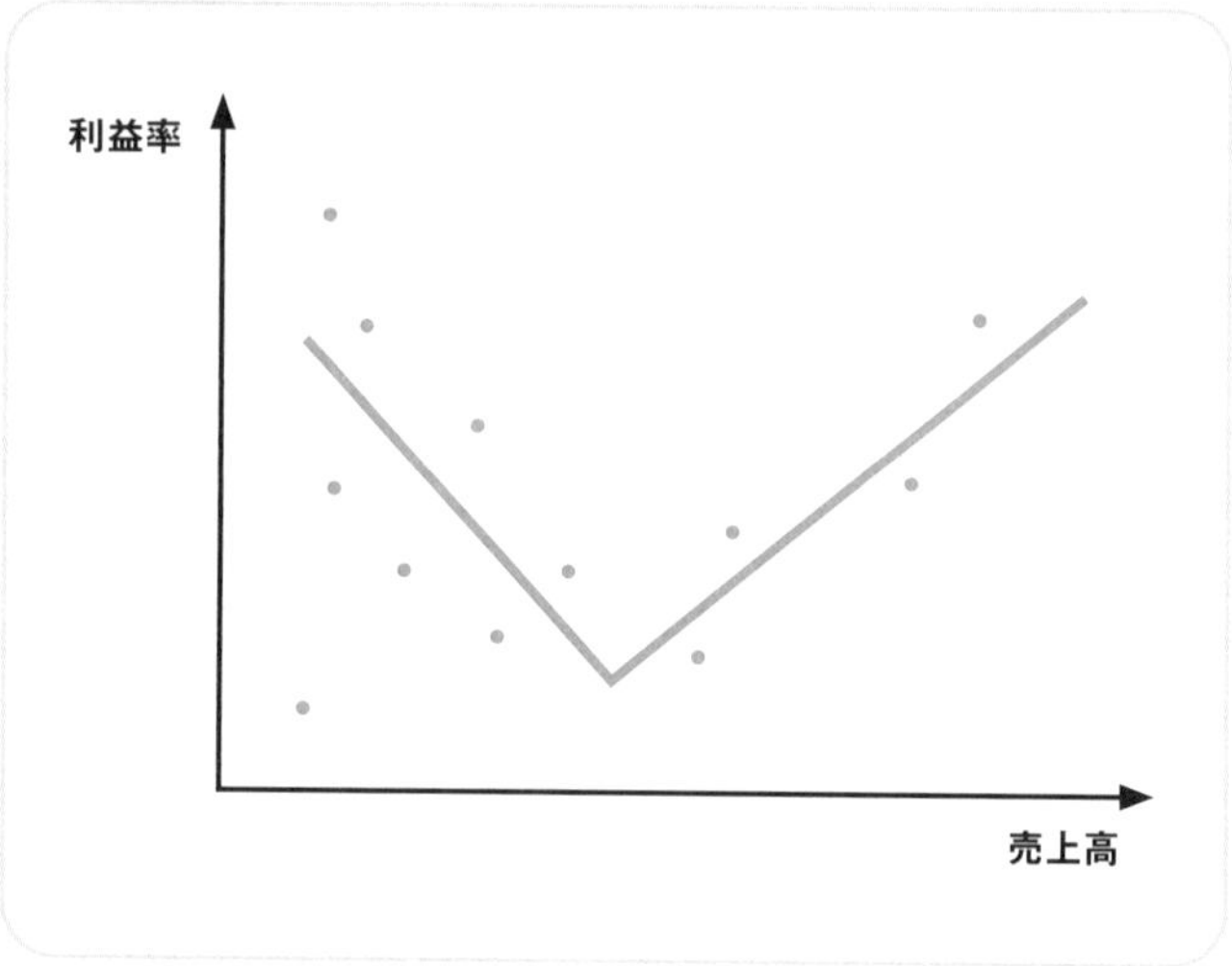

図⑤に示した通称「V字カーブ」のグラフがそれだ。

縦軸が利益率、横軸が売上高である。正確にはこれをV字と呼ぶのは微妙なところだが、それはともかく、**どんな業界を分析してみてもほとんど間違いなくこういう形のグラフになる**のだ。

グラフの左側の「売上高は低いが利益率は高い」ゾーンと、右側の「売上高も利益率も高い」ゾーンにいる企業は、今後もだいたい生き残る可能性が高い。もっとも可能性が高いというだけで、必ず生き残るとはいえないのが厳しいところではある。

図⑥　郊外型ファミリーレストランチェーンの事業特性V字カーブ

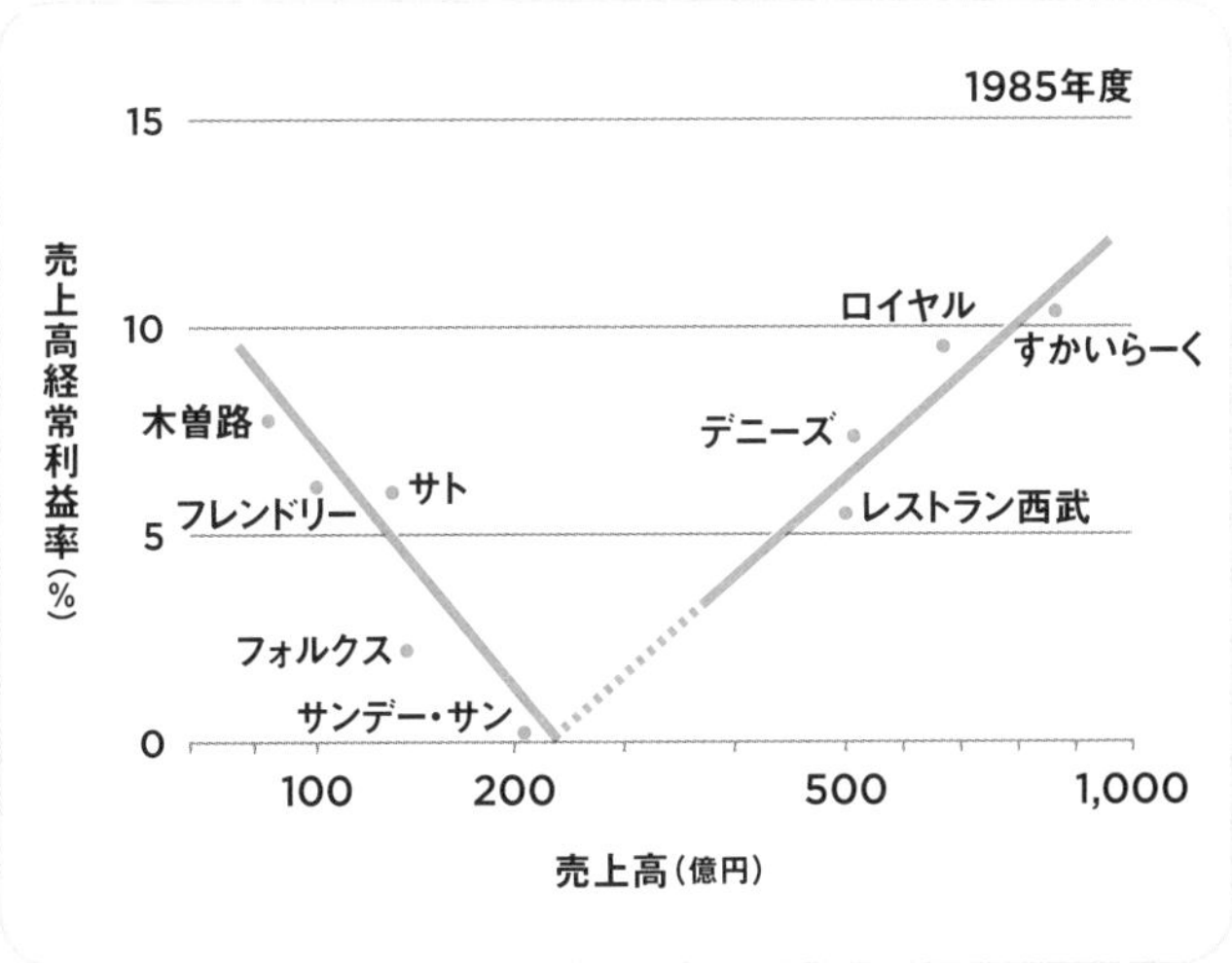

ただし、たしかにいえることがある。

それは、このどちらにも属さない**中途半端なゾーンにいた企業は、まず生き残っていない**ということである。だから戦略としては、自分たちは左に行くか右に行くか、すなわち少し規模は小さいが儲かる会社にしていくのか（左へ）、売上げをどんどん大きくして規模で勝負する会社にしていくのか（右へ）、この二つしか道はない。

これはもう、一種のビジネス法則に近いといっていいもので、驚くほどよく当たる。

具体例として図⑥、郊外型ファミリー

レストランチェーンの場合を挙げておく。私が駆け出しコンサルタントのころのものだから、残念ながらデータとしては少し古いが、理論の説明にはこれで十分だと思われる。

簡単に結論をいえば、当時のファミレスチェーンは売上高二百億円以下のところ（左側）、および五百億円以上のところ（右側）が儲かっていて、売上高二百〜五百億円の中途半端な規模のところ（中央）は利益率が低くて商売にならなかった。

これは戦略論という以前に、むしろ不可思議な現象論だとさえいっていい。

経営コンサルタントであれば、この〝V字の法則〟にまつわるエピソードをみんな一つや二つは持っているはずだ。なぜかというと、実際にビジネスをしている方たちは、おしなべて自分たちの業界は特殊であるとか、現場も知らないコンサルタントにオレたちの苦労はわからない、と思っている。

だから、コンサルタントがV字の法則から導き出した戦略を持っていっても、素直には耳を傾けてくれない。いくら頭がよくたって、現場もオレたちの苦労も知らないヤツにまともなアドバイスなんてできるわけがないだろう、というわけだ。

たしかにみなさんそれぞれ必死の努力をされていて、ファミレスなら朝食や昼食にバイキングをやってみたり、ランチタイムの延長、日替わり定食メニュー、二十四時間営業を始めたりと、やっていることや商品も個々に違う。彼らが、コンサルタントなんかにオレたちの苦労がわかってたまるか、と思うのも無理からぬところなのだ。

しかし、こうしてV字グラフを見てみると、つまり**マクロの視点で業界全体を眺めてみると、やっていることや商品は個々に違っていても、そこには厳然《げんぜん》たる共通性があることが浮かび上がってくる。**

しかも、一目瞭然《いちもくりょうぜん》に、である。

だから、ファミレスチェーンの経営者たちに戦略を持ち込んだときには、たとえば「御社の場合は、このV字グラフの売上高二百～五百億円の儲からないゾーンに入ってしまっています。そこで基本戦略としては、グラフでいうと現在位置から右に行くか左に行くか、まずはこれを考えることからスタートしてみました」などと説明するといい。

これなら、若僧《わかぞう》のコンサルタントは信じられなくても、そうか、商売にも何か抜け出せない法則のようなものがあるんだなと、V字の事実のほうは納得してくれるはずだ。

戦略コンサルに業界経験がいらない理由

このように、マクロの視点で見たうえでないと、戦略づくりがスタートできないケースは少なくない。

とくにこのV字カーブなどは、驚くほど当たっているうえに、どんな業界の戦略づくりにも使える。すなわち汎用性があるわけだ。戦略論の万能ツールとして、ぜひ最初に紹介しておきたかった所以《ゆえん》である。

V字カーブほどの汎用性はないかもしれないが、もう一つ。今度は図⑦である。

こちらは、縦軸には同じく利益率を、横軸には時間を年単位でとってある。ちなみに年の単位はできれば十年、二十年と大きければ大きいほどベターだ。

グラフ上のA社とB社は、ともに規模で勝負する会社である。先の図⑥でいって、

図⑦　長い時間軸で考える

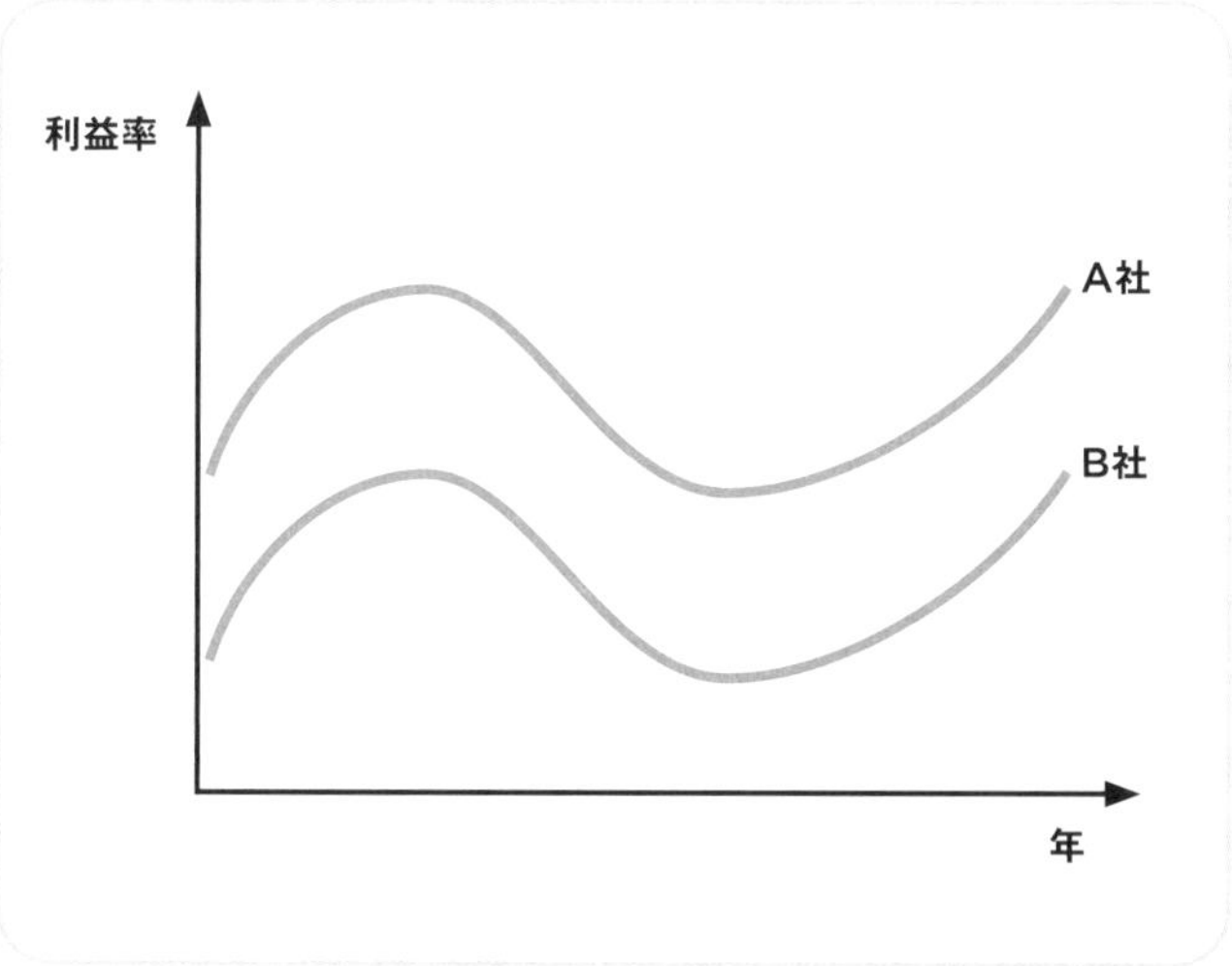

グラフの右側のほうにあるファミレスチェーンの中から、仮に「すかいらーく」をA社、「デニーズ」をB社と考えてもいい。

すると、横軸に売上高をとったV字グラフのときと同様に、**A社とB社はそれぞれ違う商品開発や営業努力をしているが、十年単位や二十年単位のマクロなスパンで見ると、サイズは違っても結局は同じような動きをしている**ことが見えてくる。

これはファミレスチェーンに限らず、多くの業界で見られる。

業界ナンバーワンのA社と、業界ナン

バーツーかスリーのB社の関係というのは、多くは図⑦で示されたようなパターンで推移していく。中の人たちは、一年、二年の短期で見て、シェアをとった、とられたと一喜一憂しながら、それぞれ必死の努力をしているのだが、マクロで見ると、しょせん抜け出すことのできない法則のようなものに支配されているのである。

面白いのは、こうして**端から見ていれば明々白々のことなのに、業界の中で働いている人たちは、絶対にこういうふうには考えていない**ということだ。

ほとんどの企業がもっと細かい、今年はB社にちょっと差を縮められたとか、そのぶんを取り返すためにこんな新商品を開発するんだ、といったところで戦略を議論している。

そういうときに私たち外部の人間なら、「ちょっと待ってください。時間軸を一年、二年でとればそうでしょうが、十年、二十年でとると、みなさんがやっていらっしゃることって、結局はこういうことですよね」などと、新しい視点を提供することができるのである。そこから、ほんとうに議論すべき筋道が見えてくることが少なくない。

経営コンサルタントにとって、お客さんに目を開いてもらってから戦略の説明に入ることは、実に重要な意味を持つ。その点、業界経験があろうとなかろうと、この図⑤や図⑦を知ってさえいれば、業界のベテランたちの目を開かせることができるのだ。

経営コンサルタントでなくとも、若い社員が業界を熟知した先輩社員に自分の企画なりアイデアを説明する際には、この種の戦略論は間違いなく強い味方になってくれるはずである。

戦略づくりをスタートさせるときには、遮眼帯《しゃがんたい》を着けた競走馬みたいに狭い視野に陥ってしまわないよう、マクロの視点で業界全体を捉えてからすべてを始めよ。

と、ここではマクロの視点の大切さを肝に銘じておいていただきたい。

戦略づくりのポイント２

問題の切り口を変えてみる

絶望的な状況はこうして打破する

②切り口の選択、つまりどんな角度から物事を考えていけばいいかなのだが、実は五つのポイントの中ではこの説明がいちばん難しい。

そこで、いきなり図に頼ることにする。

図⑧は、典型的なＢＣＧ式のポートフォリオだ。ＢＣＧだけでなく、どこのコンサル会社も似たようなものを使っているはずである。縦軸には市場成長率、横軸には相

図⑧　一般のくくりに基づくポートフォリオの例

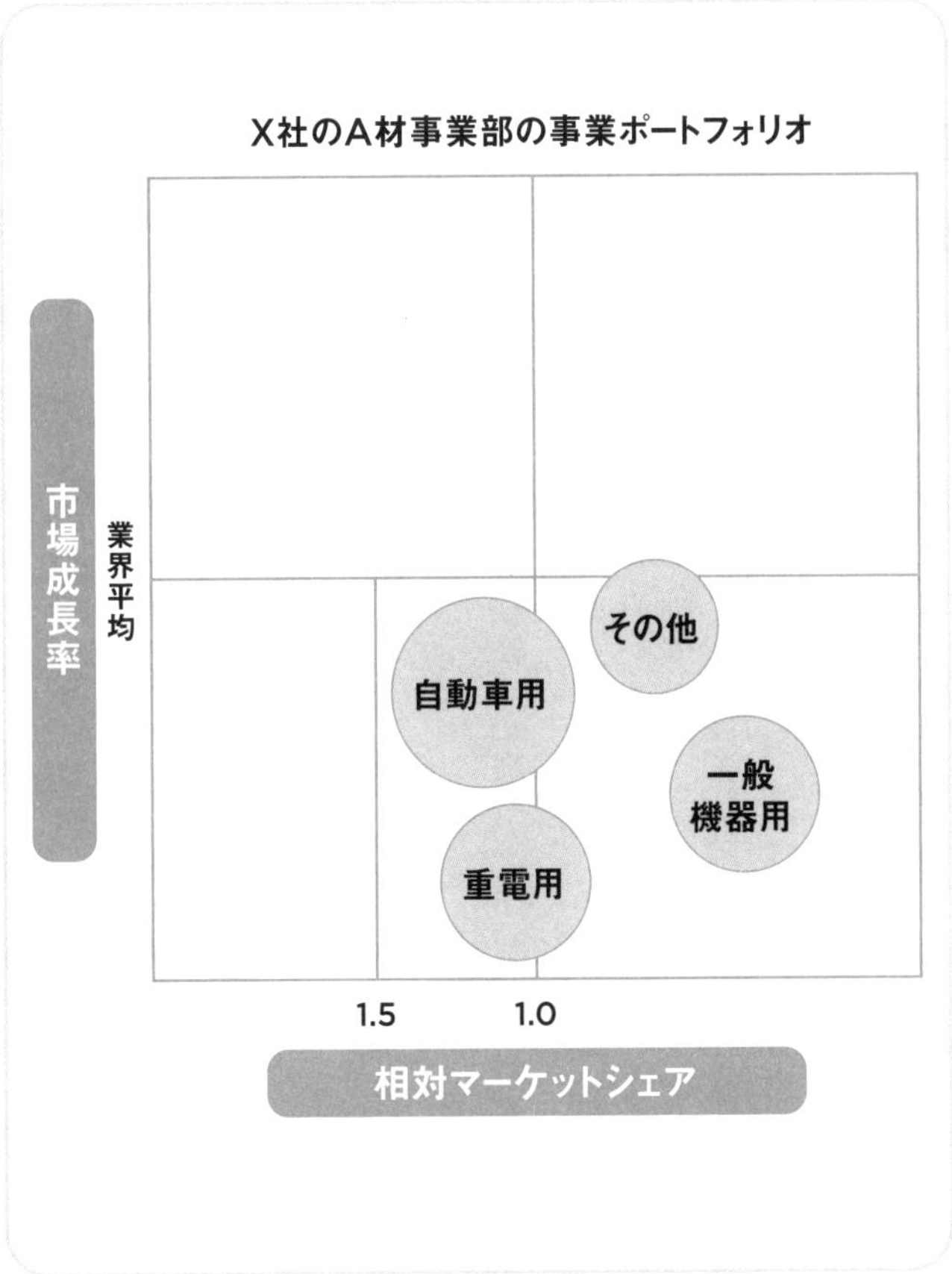

対マーケットシェア（注＝左から右に行くほどシェアが低くなる）をとってある。

X社は自動車用、一般機器用などの素材を扱っている会社だった。このポートフォリオを見る限りでは、「自動車用」「重電用」「一般機器用」「その他」とどの丸を見ても、市場成長率は低いし、シェアも大したことはないし、正直なところパッとした状況ではない。

これが現状だから仕方ないとしても、何よりいけないのは、この図からはどうも将来の楽しみが見えてこないことである。

こんな閉塞《へいそく》状況を打ち破る戦略を考えたいとき、実に有用なのが、②切り口の選択なのだ。

新たに図⑨を用意した。

縦軸も横軸も図⑧と同じである。実線で描いた丸も四つで同じ。変えたのは四つの丸の中身だけだ。

図⑧のほうは、商品はA材のみで、自動車用、重電用、一般機器用、その他、と分

図⑨　戦略セグメンテーションに基づくX社のポートフォリオ

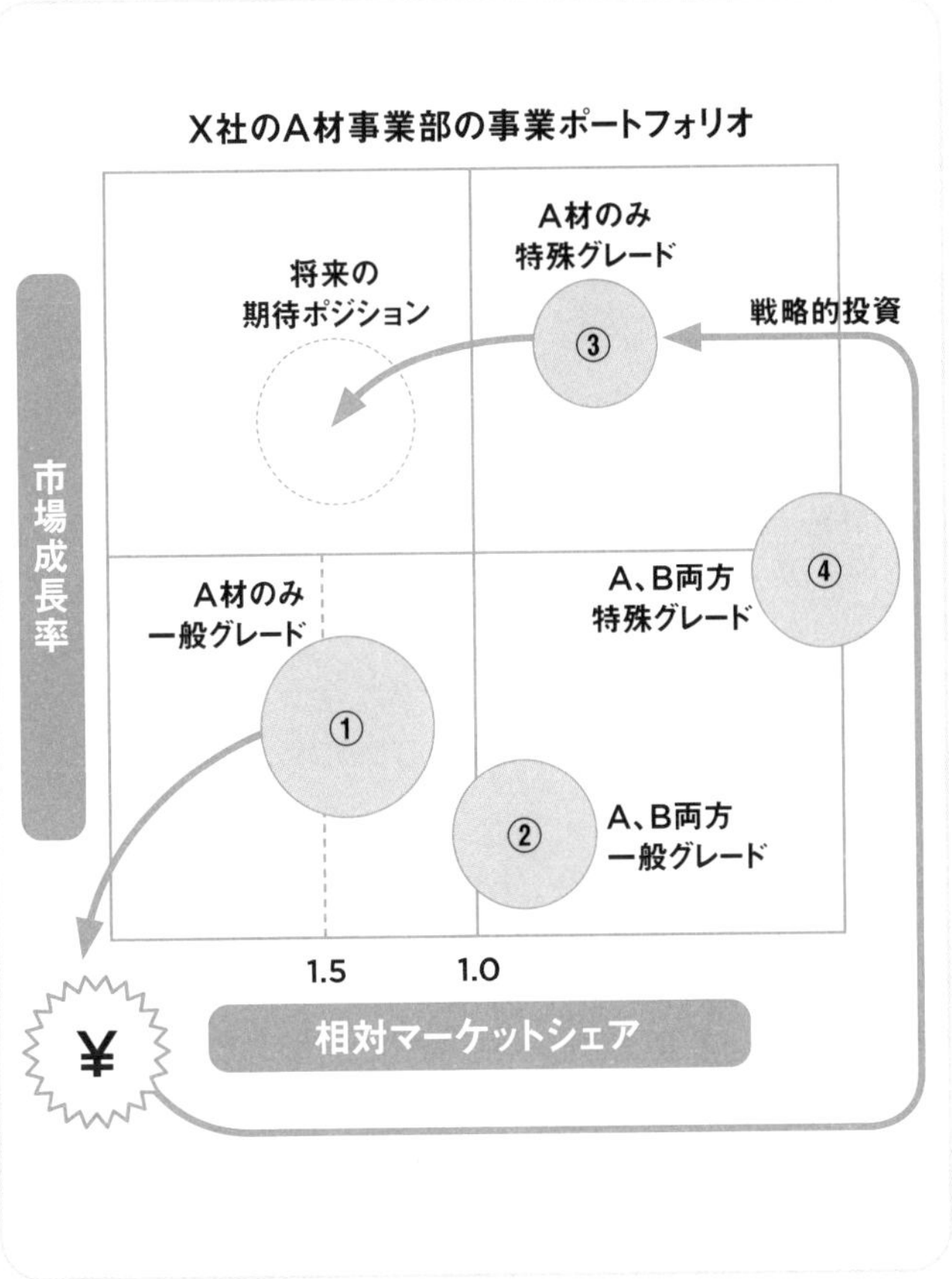

図⑩　事業再定義に基づき顧客のセグメントも再定義

	A材のみ利用	A、B両方利用
一般グレードで十分	① X社優位	② 互角～劣位
特殊品も使う	③ 劣 位	④ ほとんど勝てない

けていた。

　こちらの図⑨は、商品に新しくB材を加えるかどうかの提案をしたうえで、それを丸①～④に分類してある。さらに、A材とB材を図⑩のように、「一般」と「特殊」のグレード別にし、それらを使う顧客を分類し直してみた。

①A材のみで一般グレードのグループ

②A材とB材両方でともに一般グレードのグループ

③A材のみで特殊グレードのグループ

④A材とB材両方でともに特殊グレードのグループ

すると、相対マーケットシェアの大き

さは、①→②→③→④の順になる。一方でA材やB材の成長率の高さは、③→④→①→②の順になった。

同じX社なのに、こうして商品のくくりを変える、あるいは問題の切り口を変えてみるだけで、様相《ようそう》は一変する。夢も希望も出てくるし、戦略もまた湧《わ》き出してくるのだ。

まず目につくのが、③のグループである。③は市場成長率が高いから、将来的に伸びそうだし、これを今後の柱として伸ばしたら面白いのではないか。具体的には特殊グレードのA材に力を入れよう、ということになる。

戦略は資源配分だから、どこかからカネやヒトを持ってくるのがいい。カネは、いちばん儲かっている①のグループからだろう。①で稼いだお金と、さらには人のほうも、どんどん③に投入していけばいいじゃないか。

そうすれば、将来的に③は破線の丸（将来の期待ポジション）の位置に行ってくれるはずである。この期待ポジションは、市場成長率が高くて夢があり、相対マーケットシェアも現状を考えれば申し分ないだろう。

ということで、私はX社に以上のような戦略を提案することにした。

方向が正しければ答えは必ず見つかる

この基本戦略が決まれば、新たにB材を扱うことにするかどうかなどは、むしろ楽しんで議論できる。

図⑨で①と②、また③と④を較べてみれば明らかなように、B材を導入するとA材とB材両方を扱う客にもっと入り込める可能性があるわけで、将来のための投資としてB材に手を出してみるのもいいし、とりあえず③を伸ばすのに全力投球したいからB材の件はいったん保留、あとの楽しみにとっておこうというのでも、どちらでもいいのである。

こうして納得がいく戦略を持つと、夢も希望もないように見えた会社が、見事に活気づいてくれる。**よい戦略は、社員のモチベーションアップという副次的な、しかし非常に大切な効果も併せ持っている**といっていい。

このときに私がしたことは、X社が戦っている場所の定義を変えた、ということだ。どういうことかというと、だいたいどこの企業もそうなのだが、こうしたポートフォリオをつくろうというときに、従来の業界の統計で、言い換えると慣れていて取りやすい統計を使って分類したがる。

そういう統計の取り方、分類の仕方だと、実につまらない形のポートフォリオができ上がるものなのである。それがたとえば図⑧のほうだ。

対して図⑨では、従来はやっていなかった商品グレードでの分類をしてみた。すると、これがうまく功を奏《そう》して、一気に問題解決の方向性が見えてきたわけである。

しかし、このときも「オーッ」というどよめきとともに感心してもらえたが、最後にこういう奇麗な形を披露するまでの作業は、けっこうかったるいものがある。どんなくくり方、どんな分類をすればいいかが決まっているわけではないから、とにかくあれこれといろいろ試していかないとならないのだ。

こういう発見的アプローチによる戦略づくりの途中経過は、どうしても試行錯誤の連続になるから、最終形の美しさとは正反対にひどく泥臭《どろくさ》い。

戦略づくりの経験がないお客さんたちと共同で仕事をするとき、こんなことをしていて何か面白いことがあるのかと彼らがブツブツ言い出すのも、こういう作業をしているときである。

そんなときには「ここを耐えて、諦《あきら》めずに知恵を絞り続けていると、あるとき必ずパッと視界が開けるように、よい切り口が見つかる瞬間がやってきますからね」と叱《しっ》咤激励《たげきれい》するしかない。

逆に、**正しい方向で戦略づくりを進めている以上、切り口は絶対に見つかるんだと信じて、地道な作業もいとわないでやる強い気持ちがないとダメ**なのである。

戦略づくりのポイント 3

よくよく競争を考えろ

――小が大を食うための必勝法がある

五つのポイントの中ではもっとも当たり前に思えるものだが、さにあらず。世の中では意外と競争を考えていないものなのである。

いろんな企業へコンサルティングに行くたびに、いつもこのことを思い知らされる。なぜなら、たとえば商品をつくっている人は自分の商品がいちばんだと思っているし、他の会社はウチより技術力が少し落ちると勝手に思い込んでいることが多い。それが世の常、人の常、といえばまさにそのとおり。どうしても自分たちを身びいきしたうえで、現実の競争を甘く考えてしまっている。

まずは、あらゆる業界に通用する汎用性があり、先のV字カーブと並んで私が若いころ非常に感心させられた例から見ていくことにしたい。

これは**「平均コストの罠《わな》」**という（図⑪）。

図に示したA社は、ある業界のナンバーワン企業である。

グラフの縦軸は利益率、横軸は何でもいいのだが、ここではお客さんとする。ちょっと見ていただくとわかるが、横軸は右へ行くほどお客さんが多いとか少ないとか、そういう意味は持たせていない。単に「お客さん」である。

棒グラフで、左側のほうの八本は取引で利益が出ているお客さんたち。右側で横軸の下に出ている五本は、製品を買ってはもらえたが、諸々《もろもろ》のコストなどとの関係で、利益が出なかったお客さんたちを示す。

どんな会社でも、お客さん別に利益率を出すと、みんなほぼ例外なくこのグラフのようになる。

どの会社でも、儲けさせてもらっているお客さんがいて、一方では儲けが出ないお

図⑪　平均コストの罠

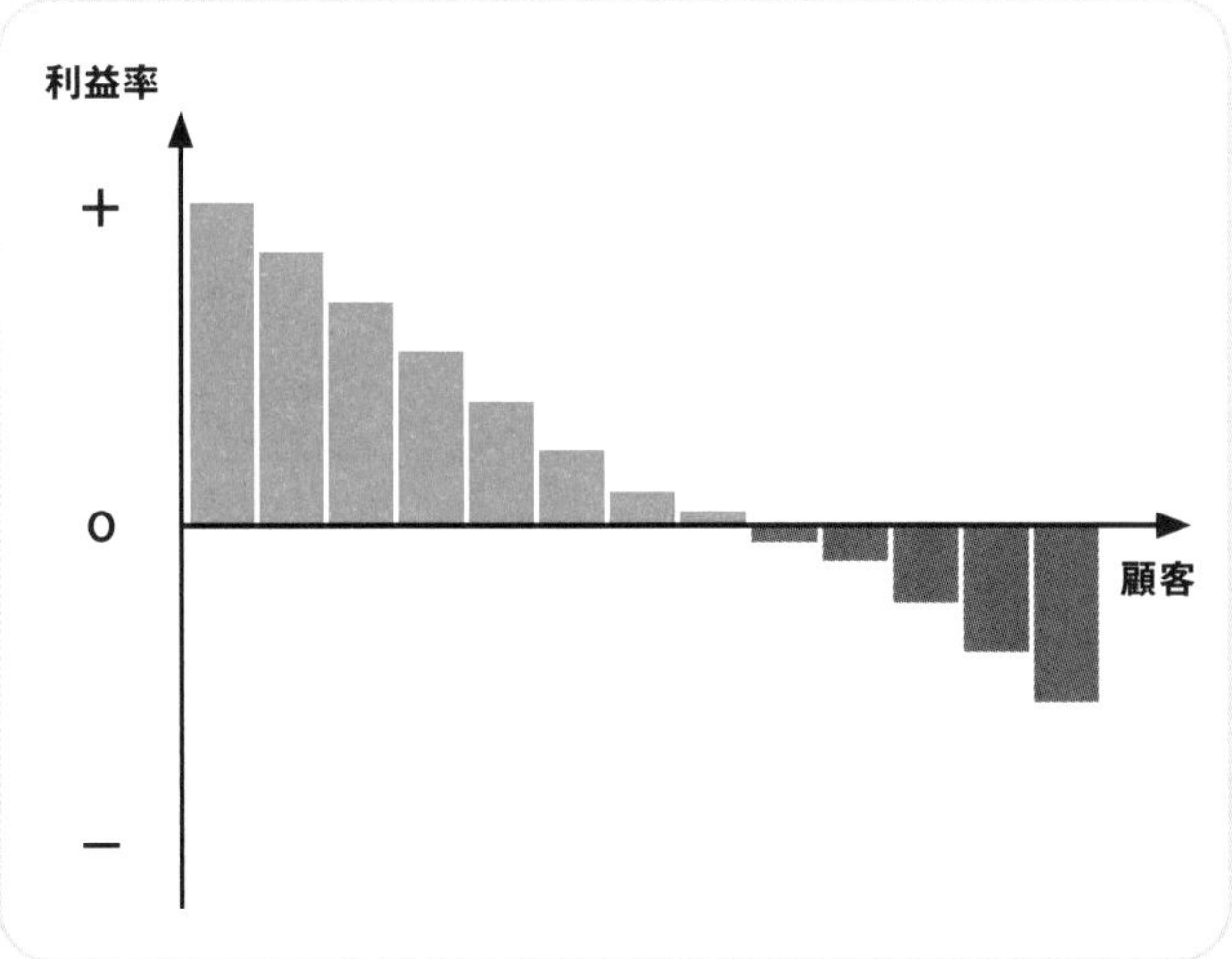

客さんも抱えているのだが、両者をトータルするとなんとかプラスになって利益が出ている、というのがふつうの形なのである。

さて、この業界ナンバーワンのA社に、新興のB社が戦いを挑《いど》みたいと考えたとする。

このとき、B社がいとも簡単にA社に勝つ方法、があるのだ。

それは、図⑪のグラフで左側にいるA社のお客さんに、B社が同じ製品を値引きして売ること、なのである。同じ製品であれば、誰だって安いほうを買いたい。至極《しごく》当然のこの論理でもって、B社は必ずや業界ナンバーワンのA社に勝利できる、と。

これは業界を問わず、典型的なフォロワーの戦略になっている。なぜこういうことが可能なのかというと、A社は儲からないお客さんも抱えているから、儲かっているお客さんに提供している製品の値段を下げられないのだ。もし値下げしてしまったら、会社の利益を支えていた部分の儲けが少なくなって、トータルで赤字に転落してしまいかねない。これではA社は困るのである。

A社も、儲かっていないお客さんを切り捨ててB社の値下げに対抗したらいいじゃないか、と思うかもしれない。しかしそれは、ビジネスの現実を知らない人の意見である。

トップの呪縛《じゅばく》とでも呼ぶべきか、A社みたいに業界ナンバーワンの大きな会社は、いくら儲からないからといって「おたくとはもう取引しません」というわけにはいかないのだ。そんなことをすると、売上げが落ちて固定費をカバーできなくなってしまう。だいたい、「業界ナンバーワンたるわが社には、儲けを優先するのも大切だが、広く全体に対して製品を供給しなくてはならない使命がある」ということになる。

使命とまでは考えなくとも、トップ企業の思考としてどのお客さんにも同じような値段で出さないといけないというところがあって、要するに彼らは物事を平均コストで見ているわけだ。これが、「平均コストの罠」と呼ぶ所以である。

誰でも必ず儲かる方法を教えよう

この平均コストの罠は、横軸をお客さんではなく「商品」でとっても成り立つ。

A社の儲かっている商品から儲かっていない商品まですべてを、左から右へぜんぶ並べてみると、基本的に図⑪と同じ形のグラフができる。その左側のほうにある、A社が儲けているジャンルだけを狙って、B社が同じ商品を安く売り出すことができれば、それでまず競争には勝てるのである。

たとえ業界ナンバーワンの企業であっても、弱小としか思っていなかったところに食われてしまう。しかも、平均コスト思考の盲点を突かれたら、確実に負けることになるのだ。

業界大手でこれだから、ましてこれからなんとか伸びていくんだという段階の会社の方たちは、戦略を練るときにはよくよく「競争」を考えておかないといけない。

ここでもう一つ、コーヒーブレークの話題。

いま小が大を食う方法を取り上げたわけだが、それとは別に「誰でも必ず儲かる方法」というのがある。

それにはコンビニやスーパーなど、小売店を例にするのがいちばんわかりやすい。これはセブン‐イレブンでも街の小さな衣料品店でも、どこでも使える手法である。

図⑪をつくったときのように、自分のところで扱っている商品をぜんぶ、今度は縦軸に回転率をとってグラフにしてみる。すると、左側から順に回転率がよい商品がきて、右端には回転率ゼロなどという商品がいくつか並ぶかもしれない。

で、グラフの右端のほうの回転率が悪い商品たちを棚から外《はず》して、逆に左端のほうの回転率がよい商品たちの棚を充実させてやる。「これだけですぐに儲けがグンと増えまっせぇ」というのだが、実はそのとおりなのである。

これで、どんなお店でも、ほぼ一〇〇％の確率で売上げがアップする。しかもどの業界でも成り立つ、儲けるための単純明快、かつ確実なすばらしいノウハウだ。

ただし、である。

これはあくまで、「短期でなら」の条件つきのノウハウなのだ。

長期でいえば、そんなことをしていたら品揃えが薄い魅力のない店になってお客さんが逃げていくとか、いま確実に売れるものだけじゃなく新しい商品も入れていかないと次の売れ筋が見えてこないなど、いろいろな問題が出てくることになる。

とはいえ、たとえ短期でしか通用しないにせよ、確実に、しかも誰であっても儲ける方法があるというのは、しっかり胸に刻んでおくべきことだ。

しかもそれは、別にこの方法だけにとどまらない。

だから、**短期だけを考えて儲ける方法を教えろというなら、これ以外にもいろんなやり方があるから、実のところ経営コンサルタントなんてラクチン、ラクチン、なのである。長期的にも通用する戦略をつむぎ出そうと知恵を絞るところに、経営コンサルタントの苦労があるんだ！**　と、ちょっと手前ミソ。

それはさておき本題に戻る。

戦略をつくるときには、常に競争を意識しておかなければならない。

たとえば、相手はどんなロジックで動くのか、相手から仕掛けられかねないどんな罠があるのかなど、それこそ手前ミソが高《こう》じた甘い考えは捨ててかかるべきなのである。

戦略づくりのポイント 4

トレードオフを考えよ

――戦略の要諦は「何を捨て、何をとるか」である

④のトレードオフ。これは戦略論の本質にそのまま関わってくる。

どんな会社でもあらゆることをすべてやることはできないから、何か一つのことをやるべきか、やらざるべきか、これをいつもトレードオフで考えていかないといけない。戦略は資源配分であるという、この定義づけとまったく同じことを意味している。

図⑫は製薬会社Xの例である。

縦軸には、事業への投資規模（＝十年間の累積投資予測）をとった。横軸はリスク（＝

図⑫　“投資／リスク”と“リターン”のマッピングの例

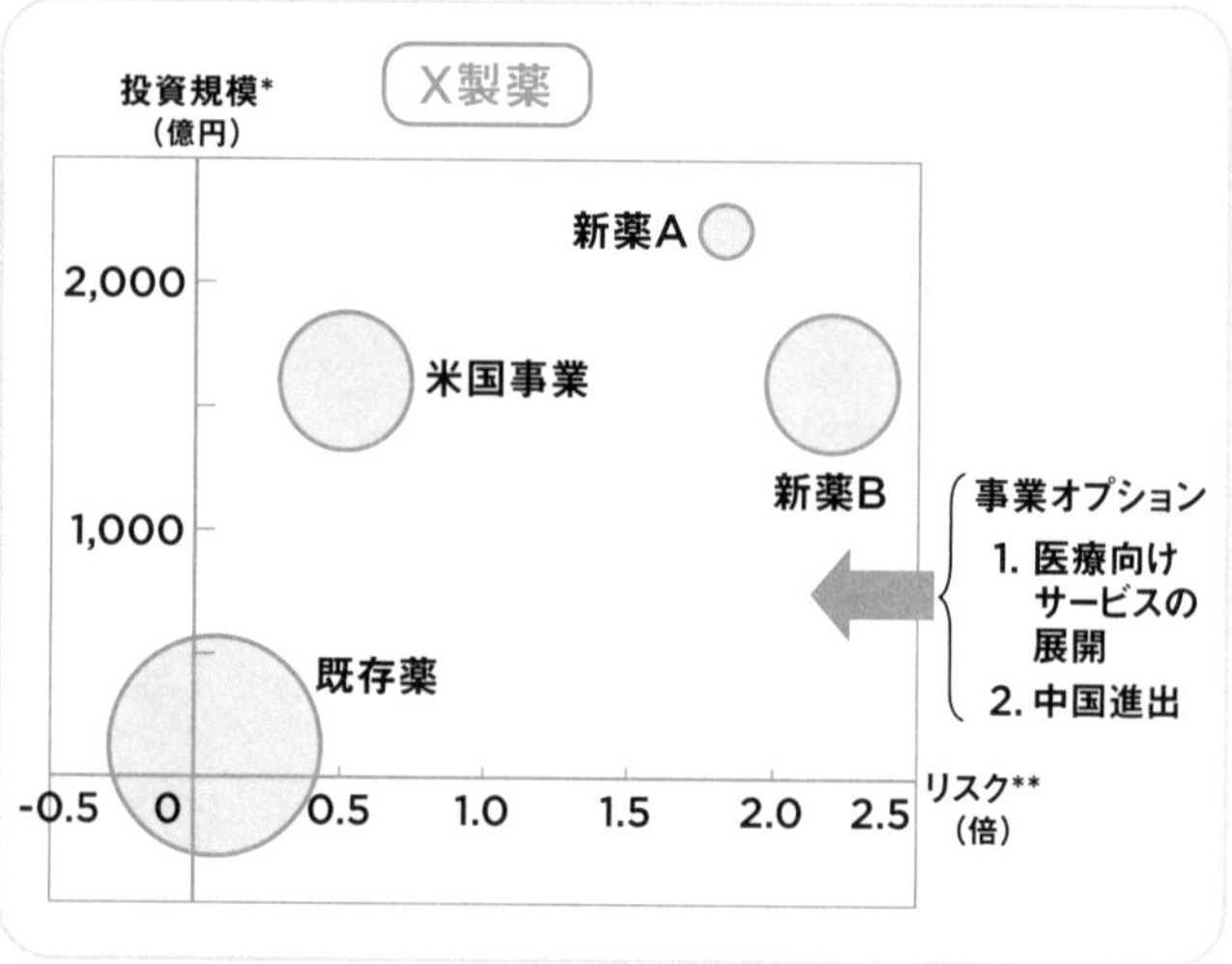

十年後のアップサイドの売上げ規模から、ダウンサイドの売上げ規模を引いて、それを十年後の売上げ規模のアップサイドとダウンサイドの平均で割ったもの）だ。

X社には、大きく二つの事業オプションがある。

一つは新薬の開発をはじめとして、医療向けサービスの展開など、いわば新規の開発なり事業の展開。もう一つは、新天地のアメリカや中国への進出である。

いずれのオプションにしても、それぞれ成功したらどれだけのリターンがあるのか、ただしそれに伴《ともな》うリスクはどうなのかと、この両者のサジ加減がポイントになってくる。

たとえばグラフ中の「既存薬」は、X社の現在のメイン事業であり、当然ながら投資規模もリスクも少なくてすむ。そして、丸の大きさで表している十年後の営業キャッシュフロー(アップサイドとダウンサイドの平均値)も申し分なく、メイン事業にふさわしい。当たり前でいうまでもないが、トレードオフ云々からは対象外だ。

事業オプションのほうは、米国事業だとリスクはわりあい少なく、投資規模が十年間で千六百億円程度。十年後の営業キャッシュフローの期待値も悪くない。これらのことを総合して考えてみると、米国進出には長期計画というよりも、まあ中期計画といった感覚で実行に移す価値がありそうだ。

対して新薬のAやBの開発には、実にカネがかかる。しかも、十年間の投資を続けてもできるかどうかの保証はない。これは長期計画であり、ハイリスクだが、もし新薬が開発できればハイリターンを期待できる。

他には、まだグラフ中に入っていない「医療向けサービス」「中国進出」の二つの事業オプションである。医療向けサービスは、すぐに超高齢化社会を迎える日本では有望に思える。しかし、逆に多くの企業が事業オプションとして考えているだろうから、競争相手も多くなるはずだ。中国進出は既存薬でいけそうなのが魅力だが、かの国の情勢はまだまだ楽観視できそうにない。

経営者や戦略というのは、以上のようなことをグッとにらんで、どうもウチはハイリスク・ハイリターンの長期計画ばかり仕込んでいて堅実な中期計画がないな、逆に中期ばかりで将来の躍進を期した長期計画がない、これでは夢がないんじゃないか……。

と、あれこれ検討して、では新薬Aのほうは諦めてトレードオフし、その分の資金を中国進出に配分しようか、いや、やはりこれからは医療向けサービスのほうだろう、などと戦略を練っていくことになる。

ここでは製薬会社を例にしているが、考え方としてはどの会社も同じだ。しかし難しいのは、**二つの対象事業が明確になっていて、どちらを捨ててどちらをとるかのトレードオフを考えるなら誰でもできるが、ふつうはそんなに簡単にはいかない**ことである。

なぜなら、どの会社も短期、中期、長期、有形無形の事業計画やオプションがいっぱいあって、そのうえその一つひとつのリスクやリターンがどのくらいなのかがよくわからない。したがって、どこにどんなトレードオフがあるのかがよく理解できない、ということになってしまうのだ。これが、戦略を立てるときに物事がスムースに見えてこない大きな理由の一つになっている。

それぞれの事業には、思い入れを持って頑張っている人たちがいるわけだから、トレードオフそのものが簡単にはいかないこともあるだろう。そういう点まで考慮し、図⑫のようなマトリックスを作成するなどして、トレードオフ判断のための材料集めをしていかなくてはならない。

そこで、こうしたトレードオフの議論をするときなどに必要となる「定量化」が、戦略づくりの五番目のポイントとなる。

戦略づくりのポイント 5

議論には定量化が不可欠

――哲学論争は数値化して終わらせる

定量化というのは、要は数値化だ。

戦略づくりの際にトレードオフを議論するにしても、競争を考えるにしても、その前の切り口を変えるにしても、定量化しないで定性的なまま話し合っていたのでは、いつまでたってもまとまらない。

ビジネスといったってしょせん人間がやるものだ。定性的に議論していると、どんどんウエットな世界に入っていってしまって、議論を通じてコンセンサスを得ようとしても絶対に無理なのだ。

たとえばいま例にした製薬会社でも、漠然《ばくぜん》と中国かアメリカに進出すべきか、一方で新薬Aへの投資は諦めようなんていっていても、まるで議論にならない。だいたい、海外進出と新薬開発では最初から土俵《どひょう》がまったく違っているのである。

やはり、**何事も数字に落として、すなわち定量化して初めて議論になる。**

ちょっと古い話だが、コンサルティング先のある銀行でこんなことがあった。

当時の銀行には「外交」といわれる人たちがいて、彼らが自転車や五十ccのバイクで個人宅を回っては、一生懸命に定期預金を集めていたのである。そして多くの銀行内で、外交は是《ぜ》か非かの議論が出ていた。

その銀行でも議論百出で、外交なんて努力のわりにはあまり儲からないじゃないか、という人。いやいや、それが銀行の基盤だし、地道に定期預金を集めてくることですべてが成り立つんだから、という人。たしかに、当時の銀行はお金を集めるのが大事だったから、後者の意見ももっともである。

彼らはこの議論を定性的にやっていたものだから、議論というよりも哲学論争になってしまって、いつまでたってもさっぱり意見がまとまらない。

そこで私たちが入って、この議論の論点を二つだけ定量化し、結果的に外交は意味がない、ということを証明した。

証明したことの一つは、バカバカしいような話だが、銀行員が一軒を訪問するとコストがいくらかかるかを計算してみたのである。すると、一般家庭であれどこであれ、一回訪問すると五万円ほどかかってしまうことがわかった。

五万円を稼ぐのは、けっこう大変である。これだけでも結論は出たようなものだが、しかしまだ、そうやって訪問していれば、最初は百万円くらいしか預けてくれないかもしれないが、いずれそれが一千万円になり二千万円になって儲かるようになるんだ、と主張する人たちがいる。

こういうのは根拠があるわけではない漠たる主張なのだが、それが信念のようになっているわけだから、口先だけでは納得させるのは難しい。

そこで二つ目の定量的な証明。過去十年くらいのデータを洗いざらい調べてみた。するとこれはなんというか、非常に冷たい結果が出たのである。

端的にいって、三百万円以下の預金しかしていない人は、十年たっても三百万円以下しか預金しない。むしろ一千万円や二千万円の預金をしている人なら、さらに大口預金者に育つ場合がある――。

これで、やっぱり世の中ってそんなものなんだなと、富裕層に対する外交だけは残すことにして、その銀行の哲学論争に終止符が打たれることになった。

まあ、いまになれば笑い話なのだが、おそらくこれを日本で初めて数値化したのは、私たちだったはずである。

――メーカー思考と金融思考

これで戦略的思考の五ポイントは説明し終えた。

ほんとうはこれだけで十分。あんまりあれもこれもと詰め込むのは、ここまでとってきた私のスタンスにも反する。と、これを承知のうえでもう一つだけ、私が最近しみじみと感じていることを記しておきたい。

ＤＩでベンチャー育成を手がけていると、ＢＣＧのときの純然たるコンサルティングとは違って、戦略の策定だけでなく資金の投入はするし、いってしまえば自分たちで実際にベンチャー企業を経営しているのと変わらなくなってしまった。これは大変なことだし、苦労も倍加したわけではあるが、だからこそ実感としてわかってきたことがある。

どうも、**人には特徴的な思考パターンがあって、大きくは「メーカー思考」と「金融思考」の二つに分けられる**ようなのだ。

メーカー思考というのは、新しい商品を開発しよう、新しい事業を立ち上げようといった考えがベースにある。だから手法としては、何もないところからものをつくりあげていこうとか、事業を創造していこうという方向になる。

これに対して金融思考は、何もつくらない。ストレートにいってしまえば、賭《か》け事をマネージするのと同じ手法である。基本的にどう動くのかわからない不確実なものの中から、いかにして収益をかすめとるか。これがこの思考法のベースになっている。手法としては、ポートフォリオをつくらないといけない、「損切り」をするんだ、ここは「さや抜き」だと、何かをつくりあげて育てる発想ではなく、何かいろいろ動いている中から儲けを抜いて結果的に利益を出す。

ここまでの書き方からご想像はおつきだと思うが、ちなみに私、およびDIはメーカー思考型である。

ビジネスをしていると、この二つの思考法がせめぎ合う局面に、日常茶飯事《さはんじ》のようにぶち当たることになる。

たとえば、ある新商品がなかなかヒットしないとする。そんなとき、メーカー思考のところは商品にこだわりを持って、ヒットするまで頑張って改良に改良を加えていき、最後の最後まで諦めずに一発逆転を狙う。これが金融思考だと、三年やって芽が出ないものは打ち切りと、商品などに対して何のこだわりも持たない。

自分がメーカー思考だから、どうも金融思考のほうは身も蓋《ふた》もない書き方になってしまうが、これはどっちがよい悪いの問題ではなく、**両方をバランスよく持っているのが理想の経営者あるいはビジネスマン**なのである。

極端な話、金融業界で損切り感覚の弱いメーカー思考をしていたら、コンサルティングなんかできない。やはりここは金融思考で、もしマーケットが戻る可能性が出てきたり、将来的に大きく化けそうだと思っても、三年なら三年で切るという判断が必要になる。

金融の世界ではとくにそうだが、実はメーカー業界でも同じく、ここをしくじったところはみんな死んでいくのがビジネスの現実なのである。

例として一人だけ、このメーカー思考と金融思考を併せ持っていると思われる経営者を挙げておけば、ヒロセ電機会長の酒井秀樹さん。ヒロセ電機は実に面白い経営をしている。

ここは、技術にはこだわりがあるエレクトロニクスのメーカーで、常に積極的に新商品を出している。ところが、それが普及品にまで育つと、もうウチでは扱わない、と他社に譲るなどしてその商品から撤退してしまうのだ。これは、普及品になって利益率が下がる、その周辺を分岐点《ぶんきてん》としてトレードオフに踏み切る戦略である。

この戦略は、技術にこだわりがあるはずのメーカーにしては、いささか違和感があるといわざるをえない。優れて金融思考なのだ。

しかし、じゃあ肝心の経営者の酒井さんが技術にこだわりを持っていないのかというと、決してそうではない。一方では、この技術は非常に大事だからずっとこだわってやっていけ、と指示を出している。つまり酒井さんはメーカー思考の人でもあるのだ。

ふつう、酒井さんのような経営者は少ない。

自分のところの商品や事業にとことんまでこだわる「〇〇業界の鬼」みたいな、メーカー思考一辺倒の経営者。逆に、本音をいえばいまやっている事業や商品は実はどうでもよくて、何をやろうが金儲けができればいい、オレは経営自体が好きなんだ、と事業や商品は単なるツールにすぎないと考えている経営者。だいたいみんな、この両極のどちらかに偏っているものなのだ。

だからいきおい、ある会社はポートフォリオや損切り感覚がすごく弱かったり（メーカー思考偏重）、ある会社は見切りが早すぎてなかなか商品を育てられなかったり（金融思考偏重）、ということが起こりがちになる。

このあたり、現実に経営責任を一身に背負っている経営者としては、あるいは逃れられない宿命なのかもしれない。だったら、経営者でないことは、私たちの強みとなる。

経営者に代わってその強みを活かし、**ここはじっくりメーカー思考でいって、こちらは思い切って金融思考でいきましょうなどと、臨機応変の戦略づくりを提案したらいい。**

——ということで、戦略論の重要なポイントはこのあたりで終わりとする。

本章の内容をマスターしておいてくれれば、あとはその応用のみだ。次章ではさらに実践的に、ビジネスの現場へと出ていくことにする。

第3章

人と決定的に
差がつく
うまい仕事のやり方

「仕事は理論どおりにはいかない」ってホント？

ビジネスに有効と思われる理論をいくら十分に身につけておいたつもりでも、やはり現実の仕事になるといささか勝手が違うものだ。

そんなの当たり前でしょ、現実の仕事はなかなか理論どおりにはいかないもんだよ、という声が聞こえる。しかし、本書はそれについては最初から織り込み済みで、ここまで現実にもほぼ一〇〇％通用する理論だけを取り上げてきた。

だから、私たちの場合には、この声は当たっていない。

それでも**現実の仕事で戸惑ってしまうことが多いのは、実際にビジネスを進める段になると、そこに必ず人が絡《から》んでくるからである。**人は理論どおりに動かない。世の中には、好んで理論や常識の逆をいく人さえいるのだ。

したがって、ビジネスの実践編に入っていくここからは、人の扱い方とか、どうリーダーシップをとるかといったようなことも、非常に重要な要素になってくる。まず、このことを頭に入れておいていただきたい。
そのうえでいうと、仕事のやり方は基本的に次の二つに分けて考える。

A・仕事の「目のつけ方」
B・仕事の「進め方」

仕事は、目のつけどころを間違って始めてしまうと、例外なく泥沼《どろぬま》になる。最初から方向がズレていたら、みんなが仕事を一生懸命にやればやるほど、にっちもさっちもいかない状況になっていくのは当然のことである。

仕事を始める前に、問題点は何か、どう進めるか、とじっくり考える習慣を身につけるのはもちろん、途中で目のつけどころが間違っていたと気がついたら、迷わず仕切り直す姿勢が必要だ。

また、**実際に仕事を進めていくときには、すべてが最初の計画どおりにいくことは絶対にありえない。**必ず何らかのトラブルが発生する。私の経験からいわせていただくと、これにも例外というものがない。いわば確率一〇〇％の「ビジネスの現実」である。

仕事にはトラブルがつきものと心得ておいて、何か問題が起こったときにも決してオロオロしないことが大切だ。そして冷静に対処して問題解決をはかる。この**トラブル処理能力というのは、仕事がデキるビジネスマンの第一条件**だといってもいい。

以降では、内容を大きくこの二つに分けて扱っていくことにする。

A

仕事の「目のつけ方」＝課題がわかれば問題は解決したも同じ

——新米ビジネスマンが陥りやすい罠

とある小売チェーンのコンサルティングをしていたときのことである。

そのころ、この小売チェーンは非常に勢いに乗っていて、私たちへの発注内容も、新規事業の可能性を探ってくれという前向きのものだった。

新規事業を提案するには、その会社にふさわしいものは何かを知るために、本業のほうをよく分析する必要がある。本業をしっかり見せてもらうことで、その延長線上でやれるものはないか、この技術は他の何かに転用できないかなど、そこから新規事業のさまざまな可能性を抽出《ちゅうしゅつ》していくわけだ。

ところが、プロジェクトを進めて一カ月ほどしてみてみると、私たちは大変なことに気がついた。

新規事業を考えるのもいいが、会社の現状を外から見させてもらっていると、どうも肝心の本業のほうが危《あや》うそうなのである。表面的には調子がよくて勢いがあるように見えるのだが、会社組織としての基本的なところにまずい部分がいくつも出てきている。

そこで、この懸念《けねん》をそのまま社長に伝えた。

すると、私たちの説明を熱心に聞いていた社長は、会社の危機をすぐに察知したらしい。たちまち経営判断を下して、プロジェクトの方向転換を決めた。本来の新規事業プロジェクトのほうは中止して、テーマを本業の課題改善に変えて進めてほしい、ということになったのである。

会社のことを他の誰よりも真剣に考えていて、業界経験も十二分に積んでいるはずの社長にして、コンサルタントに何を頼んでいいのかわかっていなかった。

これは別に、この社長に経営者としての資質がなかった云々、という話ではない。彼は仕事に対する情熱に溢《あふ》れていたし、現実に小売チェーンを大成功させた有能な経営者だ。そうではなくて、問題は、むしろ**中で働いている人に限って、ほんとうに解決すべき課題が見えていない**ものだ、ということなのである。

ことほど左様《さよう》に、正しく課題を設定するというのは難しい。

利益が出ていないとか、急に業績が落ちたとか、表面に出てくる現象は見ればすぐにわかる。しかし、そうさせているほんとうの問題は何かというのは、意外にわからないものなのだ。ここをいい加減に通過してコンサルティングの仕事にかかったら、小手先でこねくり回したような戦略はつくることができても、問題の抜本的な解決策は決して生まれてこないのである。

これは経験の浅いコンサルタントが陥りやすい罠でもある。

お客さんは、コンサルタントなら何か斬新《ざんしん》な解決法を出してくれるだろう、と期待していることが多い。これはお客さんの誤解なのだが、経験が浅いコンサルタントは自分もまた同じような誤解をしていて、その期待に応えようとする。

彼らは、お客さんが課題はコレだというと、言葉どおりにそのまま受け取ってしまう。で、お客さんにその課題を解決するための案を何か出せといわれると、無理矢理に頭の中で考えたような解決策をひねり出してみたりするわけだ。

こういうパターンで仕事がうまくいったためしなし、である。

アイデアマンは得てして仕事ができない

そして、逆もまた真なり。

いったん正しく課題を設定できたら、もう問題は解決したも同じなのである。

手馴れたコンサルタントは、このことをよく知っている。

手法をあれこれ考えることよりも、まずは正しい課題設定を。彼らは、仕事のどこに目をつけるか一つで、その後の展開がガラッと変わってしまうことを、経験上から熟知しているのだ。

だから、とりあえずお客さんにいわれたことに沿って仕事を進めながらも、同時にそれだけではなく、ほんとうに有効な正しい課題設定はどういうものなのかを真剣に考えたり調べたりするほうに、むしろ多くの時間を割《さ》いたりする。

そして正しい課題設定ができたら、今度はそれをなるべく古典的な手法で解決していく。

コンサルタントに斬新な手法を求めるのは間違いなのである。**こと経営とか組織といった人に絡む問題の解決策は、できるなら古典的手法のほうがいい。**なぜなら古典的な解決策というのは、過去にさまざまな会社がトライしてきている。ある意味でそれは多くの前例によって証明されているものなのだ。

成功例や失敗例が十分にあって、どうすればどういう結果になるのかが、すでにだいたいわかっている。それに、古典的手法は基本的に突飛なものではないから、誰もが納得して受け入れやすい。

経営の話に限らず、たとえば医者の世界などでも明らかにそうだ。

アイデアマンで、常に斬新な治療法をとりたがる医者に担当されたとしたら、患者のほうは不安でたまらないだろう。なにせ、経営のコンサルティングとは違い、こちらは直接命に関わってくる。

斬新な治療法というのは、過去に事例がないか、あってもごく少ないもののはずだ。つまり、成功するか失敗するかがよくわかっていない。いくら斬新だといったって、「ぜひ先生の新しい試みに私の命をゆだねたい」などと、そんな治療法を歓迎する患者がいるわけはないのである。

もっとも、治療法のほうが科学全体の進歩の恩恵《おんけい》があって、ビジネスより優れて斬新なものが出てくるのも事実だが。

直接命には関わらないが、この道理はコンサルティングでも同じなのだ。

人はコンサルタントにアッと驚くアイデアとか、斬新な解決策を求めるものだが、現実には逆である。ほんとうはそれよりも、これが課題だといわれているものの中の、どれとどれがどういう関係にあって、何がほんとうの課題なのかを見つけることのほうが、コンサルタントにとっては百倍難しい。

それに、**いざほんとうの課題を見つけ出してみると、それこそ「斬新な課題」などというのはまずない**ものなのだ。

考えてみれば、アッと驚く斬新な組織などには、現実にはとんとお目にかかったことがない。まったく新しい経営手法をとっている経営者というのもまた、めったにいるものではない。

ビジネスの世界には毎年毎年、新しい用語や流行のコンセプトが出てくるけれど、それらはほとんど、かつてあったものの表現を変えただけのことである。とくに組織の問題や人がらみの問題というのは、言い方は変わっても昔からもうみんな同じで、中身は少しも変わってなどいないのだ。

だから、**コンサルティングに長《た》けた人というのは、あくまでほんとうの課題は何なのかを重要視する。そして問題解決のほうはむしろオーソドックスに、周りが「何だ、そこまでわかればオレにだってできるよ」と思わずいってしまうような古典的手法でやる。**

すなわち、少なくとも現場の医者と経営コンサルタントは、正しい課題設定さえできればいいのであって、優れたアイデアマンである必要はまったくないのである。

上司と部下の仕事の違い

続いては図⑬を見ていただきたい。

これは、ごく一般的な問題解決のための手順を示したものである。

いちばん上に、いま最も重要だと強調した「課題」がある。真ん中が「仮説」だ。

これは課題なり問題の解決方法を探るときには、答えはこういうことなのではないか、と仮説を立てて考えていくのがいいということ。そして仮説は仮説でしかないから、それが正解かどうかを常に「検証」していく必要がある、というわけである。

この問題解決の手順は正しいし、誰でもよく知っている。

しかし、図⑬をそのまま頭に入れておいたら、それは単なる知識で実際の役には立たない。当然ながら、現実の作業としては、次のようなぐるぐる回しの図⑭になる。

物事は、課題→仮説→検証とストレートには動いていってくれないのだ。

やってみたらうまくいかないからと、元に戻って改めて仕切り直し、また今度もダ

図⑬　問題解決（1）

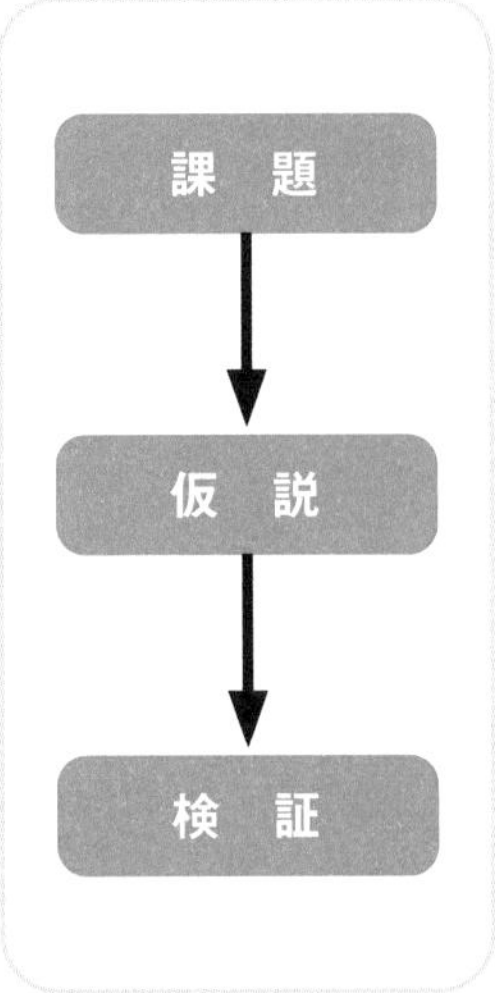

図⑭　問題解決（2）

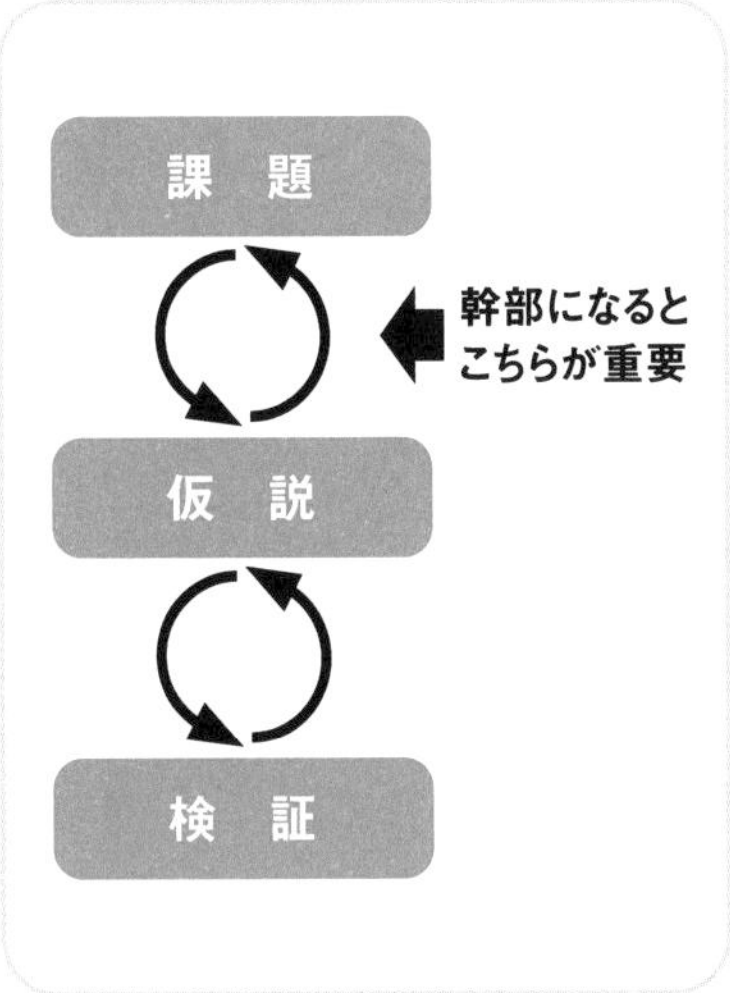

メとなったら再び元に戻ってやり直す。これを何度も繰り返しながら、試行錯誤のうちに仮説を少しずつでも正解に近づけていこうとする。

これについては、もう一歩踏み込んで書いておかなければならない。

このとき、仮説と検証の間で行きつ戻りつする人は多いにしても、ほんとうはさらにその前提となる課題まで含んだぐるぐる回しが大切だと気がついている人となると、驚くほど少ないのである。世に出回っている多くの経営書などもそうで、仮説と検証の繰り返しが大切とまでは書かれていても、課題設定の重要性にはほとんど触れられていない。

やはり一般にはこれまで、課題設定の重要さは見過ごされてきたようである。もっとも、たしかにあるレベルまでのビジネスマンたちにとっては、仮説と検証の繰り返しだけやっていれば十分だといってもいい。

ところが、いずれあなたが経営幹部などもっと上のポジションについたときには、そうはいかなくなる。

ふつう仮説の検証は、あなたが部下のときにやる仕事だ。それが**あるレベル以上の上司の立場になると、図⑭にも記してあるとおり、今度は課題から仮説を立てるほうの仕事に変わっていく**のである。

ここは私の仕事術の中でも、かなり大きなポイントだ。

たとえば小売業界で、セブン－イレブンなどがよく「仮説・検証サイクルをぐるぐる回せ」という。この場合、いろいろ仮説・検証をしろといっても、いわれた担当者にはさしたる権限が与えられているわけではないから、できることはたかが知れている。

端的にいって彼らの打つ手は、自分に任された商品群の仕入れをどう減らすか、または増やすか、これだけしかないのである。そこで仕方がないから、雨の日はどのくらい売れるか、天気のよい日はどうなのかと、限られた要因の中から使えそうなものを探し出しては、あれこれと仮説・検証を繰り返すことになる。

要するに、彼らの仮説・検証サイクルには使える変数、あるいは手段の選択肢が極端に少ないのだ。

これがもっと上のポジションになると、仮説・検証に使える手段がもっと増えてくる。

仕入れ云々じゃなくて、商品そのものを改良してしまおうか、販売価格も大きく変えてしまったらどうか、あるいはお店の立地を変えてしまえなどと、仮説・検証サイクルに使えるオプションがポジションに応じて広がっていくわけである。

社長にでもなれば、それこそ何でもありだ。彼の打ち手の幅、自由度は無限大に広がる。ただし、その代わりに今度の仕事は、すべての大元《おおもと》となる課題設定だ。

仕事としてはグンと高度で難しくなる。

組織の枠にとらわれない発想法

デキるビジネスマンになるためには、たとえ部下の立場でしかないときでも、限られた選択肢の中での仮説・検証なんかでとどまっていてはダメである。

実際には何の決定権もなくたって、ふだんから経営者や上司の立場になったつもりでいろんなオプションを動員しては、その上の課題・仮説のサイクルまであれこれ考えてみる習慣を身につけておくほうがいい。経営者の視点でものを考えろとはよくいわれることだが、たしかにこれはよい修業になる。

これまでもいってきたように、仕事は一つひとつの要素に分解して部分的に学んでいくより、まずは全体感で捉えてしまったほうがいち早く覚えられるものだ。その意味からいっても、正しい課題設定は上司だけの仕事ではないのである。

そこで早速《さっそく》、正しい課題設定をするためには、具体的にはどんなところに目をつければいいのか、について進む。

一例として、私たち経営コンサルタントには、非常に都合のよいあるアプローチ法がある。

それは、一つは会社組織の**「縦のギャップ」**から、もう一つは**「横のギャップ」**からのアプローチである。この二つの目のつけどころは、コンサルタントが職業として成り立つ最大の拠《よ》りどころになっている、といってもいい。

コンサルタントは、経営者の視点で現場を見ることができるし、逆に現場の視点で経営の問題を考えることもできる。ところが、実は組織内にいる人たちには、これができそうでなかなかできないのだ。

現場でほんとうに起きていることは、経営者にはわからない。同じく、経営者がほんとうは何を考えているのかは、現場の人たちにはわからない。組織の上と下の両方の視点で議論ができる人は、組織内には誰もいない。

よく、オレは現場を回っているぞという経営者がいるが、誰もが知るように、そういうのはまったくのインチキである。経営者が現場を視察に行くときには、一週間も前から準備万端整えて待ち受けている。そこで経営者が見るのは、非の打ちどころがない理想の現場でしかないのだ。

これとコンサルタントが現場に行くのとでは、雲泥《うんでい》の差がある。私たちなら現場の人たちのふだんの様子を見ることができるし、そこで聞ける話もほぼナマの声に近い。こうして、上の声も聞き、下の声も聞いて、この二つをつなげてしまう。すると、組織内にいる人からは生まれてきにくい面白い発想が、いくらでも出てくることがある。

これが、組織の「縦のギャップ」からのアプローチである。

上と下の縦関係だけでなく、メーカーなら営業部門と生産部門の考え方には埋められない溝《みぞ》があり、小売業なら販売部門と仕入れ部門のあいだにはどうしても理解し合えない壁があるといったふうに、組織内の横関係、部署と部署のあいだにも少なからぬギャップがある。

その結果、どんな小さな会社でもそうなのだが、組織の中の部門と部門、部署と部署とを分けている部分には、問題や課題がたくさん落ちている。そこに目をつけて、そういうものをいわば横向きに突き刺してやると、面白い問題解決策や次の展開へのヒントが浮かび上がってくるものなのだ。

こちらが、組織の「横のギャップ」からのアプローチである。

この二つも、ビジネスのノウハウとして非常に汎用性がある。

何もこれらを経営コンサルタントの専売特許にしておくことはない。第三者だからこその目のつけどころということで、あなたの会社や仕事を考えるときにも大いに活用してみてほしい。

きっと、社内の他の人たちから見たらユニークこのうえない視点がいくらでも出てきて、アイツは組織の枠にとらわれない思い切った発想ができる奴だなと、あなたへの注目度がグンと高まることうけあい、である。

課題と仮説との間には密接な相互関係がある

課題設定ができたら、次に解決策を探るために仮説を立てる。

この課題と仮説とは、行きつ戻りつのぐるぐる回しだ。正しい課題設定は正しい仮説を生んでくれるし、課題設定が間違っていたら誤った仮説しか導けない。ふつうはこの課題から仮説へ、仮説から課題への繰り返しを何度か重ねて、ようやく問題解決に至ることになる。

だから、**よい課題設定とはどういうものなのかというと、答えは「よい仮説が見つかる課題設定」**なのである。

ここは少し詳しい説明が必要かもしれない。

たとえば、生産部門一筋できた人が事業本部長になった。これからは生産だけでなく、営業も開発も自分の支配下になる。そこで、各部署の中身をいろいろ眺めていくと、うまくいっていないこと、本来はこうあるべきなのにそうなっていないことなど、課題が山のように見つかった。

どんな会社でも必ず、このように課題が山積《さんせき》しているものなのだ。

それらの課題は、最初に一見しただけのときは、わりと簡単に解決できそうに思える。どうもこれは営業がだらしないんだなとか、あるいは開発がインパクトのある新商品をつくれないからだなどと、すぐに設定すべき課題が見つかったように思えるわけだ。

ところが、ちょっと詳しく話を聞いてみると、営業には営業の、開発には開発の、それぞれやむをえないと思える事情があることがわかってくる。自分は生産のことしかよくわからないから、専門外の営業や開発で起死回生の手を打てるとはとても思えない。

かくして、たちまち手詰まり状態に陥ってしまった。

かといって、新しく事業本部長になった以上は何かしなくちゃいけない。

この状況を打破できるかできないかは、そう、課題と仮説のぐるぐる回しがうまくできるかどうかにかかってくることになる。

そこで図⑮である。

最初に「大命題」とある。会社として根本的な課題のことだ。たとえば業績を上げるとか、世間の評価を高めるとか、時代が変わってもあまり変わらない。そして、すべての問題はここから落ちてくる。その大命題を実現するために、何をどうすればよいか、なのである。

図⑮　いい仮説とは

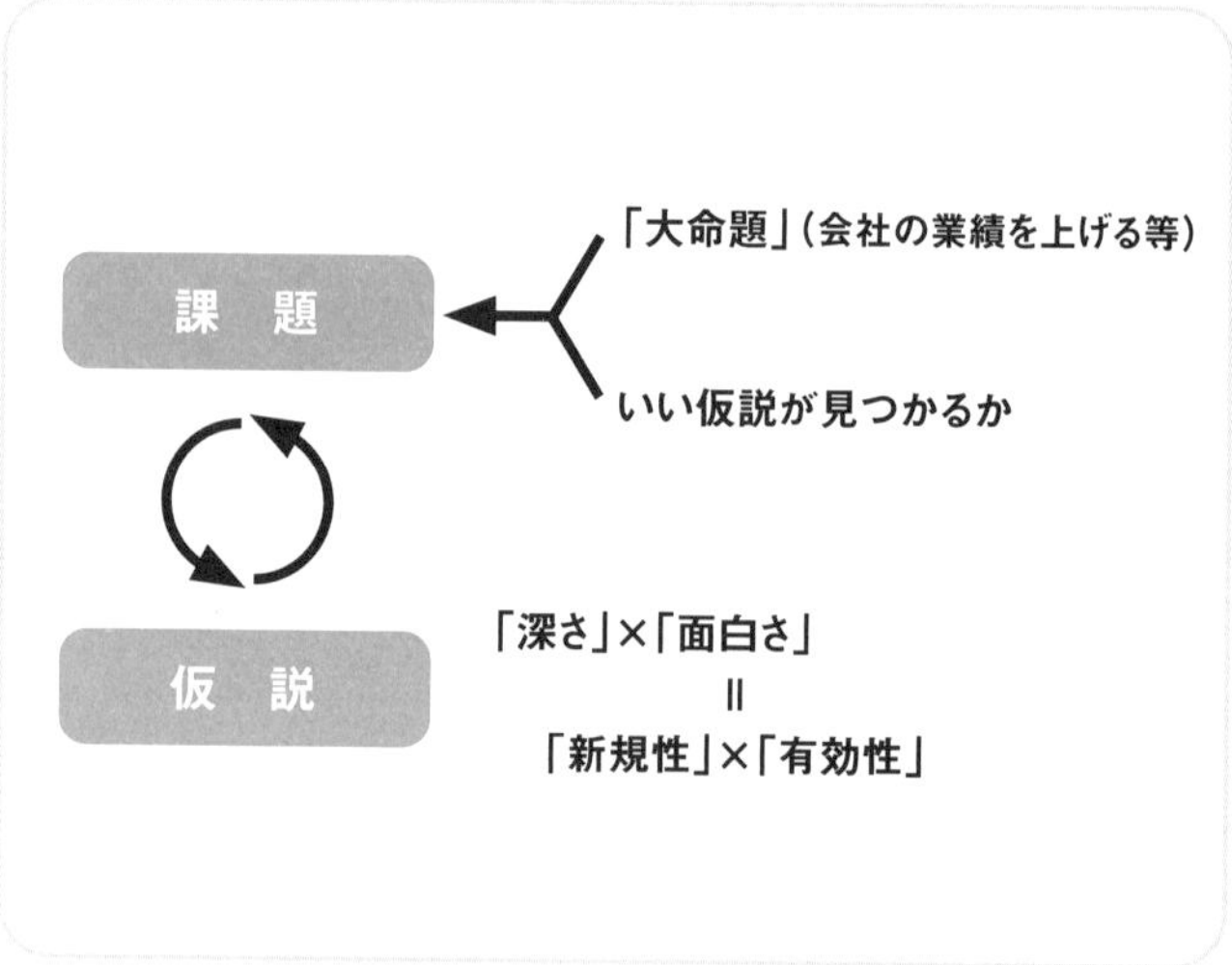

事業本部長になったのだから、営業や開発をいじってもいいし、専門の生産から何かよい打ち手を探ってみてもいいしと、手段の選択肢は以前とは格段に増えている。その中から彼は結局、営業部門の充実を課題として選んだ。

いったん課題を設定したら、今度はここから仮説を導いていく。

そのとき、会社の業績を上げるのに必要なのが営業部門の充実でほんとうに正解だったら、必ず何らかのよい仮説が見つかる。さらにはその仮説がさまざまな検証を経て、では開発や生産からこれだけのカネとヒトを削ってきて、それを営業に投入することにしようといった、これから会社がとるべき戦略として完成するのである。

よい仮説の条件は「深さ」と「面白さ」

しかし、営業部門の充実がもし間違った課題設定だったとしたら、仮説とその検証は袋小路《ふくろこうじ》に入り込んで立ち往生《おうじょう》してしまうことになる。

課題というのは「問いかけ」なのだ。上司が下手な問いかけをしたら、いくら部下たちが仮説を考え、検証を繰り返したとしても、会社がとるべきよい戦略は見つからない。

あまりよい仮説が出てこなくて、これはどうも泥沼だとなったら、上司は方向転換してやる必要がある。そもそも最初の自分の問いかけが間違っていたんじゃないかと、仮説づくりからいったん離れて、再び課題設定に戻って考え直してみるわけだ。

こうして課題と仮説のぐるぐる回しが始まる。

そのぐるぐる回しが終わるのが、よい仮説が見つかったときなのである。

私の書き方までぐるぐる回しになって恐縮だが、ではよい仮説とはどういうものなんだと、今度はこちらが問題になる。

図⑮の仮説のところに、「深さ」と記しておいた。

内容に深みを感じさせる仮説はよい仮説だ。よく、そういうよい仮説にするためには質問を繰り返せ、といわれる。

たとえばモノが売れない。では、それはなぜか。それは、わが社の営業マンがだらしないからだ。では、わが社の営業マンがだらしないのはなぜか。それは、教育ができていないからだ。では、教育ができていないのはなぜか、としつこく質問していくことでほんとうの原因は何かというところにだんだん迫《せま》っていく、という手法だ。

このとき、問いはせめて五回は繰り返せと教えるのが、経営書などではおなじみの「五回ＷＨＹ」である。もちろん五回にこだわらず、質問は六回でも七回でも納得いくまで繰り返せばいい。やはり、こうした深い問いから出てきた仮説は、非常にシンプルだし、いろんなものに広く使える可能性も高くなる。

ただ、これは一般によくいわれていることであり、私はこれだけだとまだどうも仮説として弱いと思うのだ。結局のところ、やはり**仮説は面白くなくちゃいけない**。

図⑮にあるように、**「面白さ」＝「新規性」×「有効性」**である。

新規性は文字どおり目新しさで、いままでみんながこうだと思っていたのと違っていて、意外性を感じさせるもの。有効性は、それをやるとほんとうに売上げが上がるなど、実際に役に立つもの。人はこの両方が揃っていると、その仮説は面白いね、といってくれる。

有効性についてはそれこそ検証が必要なのだが、その業界なり業務をある程度まで知っている人たちが議論するわけだから、なんとなくいけそうだとか使えそうだというのは、その場でだいたいわかるものである。

私は、こういう深さと面白さを兼ね備えた仮説をつくるのに、取り立てて特別な手法があるとは思っていない。あくまで地道に、試行錯誤を繰り返してつくっているのが現実だ。だからこそ先にも、よい課題設定とは「よい仮説が見つかる課題設定」である、などとややこしい書き方をした。

何を措《お》いても、**課題設定に戻って考えられるかどうか。これがいちばん大切なノウハウ**なのである。

とはいえ、あえて仮説づくりの手法を挙げておくなら、これは戦略づくりの手法とかなり近くて、だいたいのところはダブってくる。

たとえば、**①スコープを変える**＝日常的な思考よりずっとマクロな視点で考えてみる。逆に、ぐっとミクロに現場の細かいことからヒントを探してみるのもいい。頭を極大と極小のどちらかへ大胆《だいたん》に振ってみることだ。

その他、**②アナロジーを使う**（類似した事例からヒントを得る）とか、**③組み合わせを変えてみる**、**④定量化する**、などである。

名経営者とダメ経営者を分ける意外な視点

私たち経営コンサルタントには、経営サイドと現場サイドの両方の視点から企業を見ることができる強みがあって、そこからいろんな課題や仮説や戦略づくりのヒントを得ていることが多い。

実際、これまで、ほんとうにたくさんの企業を観察してきた。それが仕事だからだが、ただ観察してきただけではない。いつも真剣に、しかもあらゆる角度から幅広く眺めてきている。そして痛感したことの一つが、同じ経営サイドといっても経営者は特別な存在である、ということだった。

経営者は、目のつけどころ、ものの見方が、他の経営陣とは明らかに違っている。よくいわれるような、社長は全社的にものを見るというのともまた別で、経営者独特の視点があるのだ。読者のみなさんも、この視点を身につけることによって、人より早く経営者になれるかもしれないし、難しい課題設定もうまくできるようになるかもしれない。

経営者の役割は何かというと、一般には「決断」であるとされている。

これは最終的には正しい。しかし、経営者の役割は他にもいろいろある。たとえば、起きてしまった矛盾《むじゅん》を解決するというのも、決断に負けないくらい重要な役割だ。

これとこれはそもそも両立しないがともに大切だとか、トレードオフが必要だと二者択一を迫られたりしたときなどに、これをどうさばくかで経営者の手腕が問われることになる。そんなとき、どうやら経営者というのは、

①腹をくくる（決断する）

②抜け道を探す

このどちらか、もしくは両方を考えるものらしい。

①のほうはわかりやすい。これは要するに、下の者に「どちらかに決めてくれ」といわれて、エイヤッと決めることである。

最終的に経営者のところまで上がってくることは、わからないこと、下では処理できなかったことばかりだ。ロジックで決まることなら何も経営者に決断をゆだねる必要はなく、承認をもらえばそれですむ。

わからないから決めてくれといわれて、経営者もわからないけれど、とにかく右か左か決めないといけない。決めなきゃ会社が動かないので、結果として決断を誤ったときの最悪のシナリオも覚悟したうえで、腹をくくって「右だ」「左だ」と決断を下す。

こちらは、わりとよく経営書に出てくる話だ。

しかし②のほうは、経営者に独特の思考パターンなのだが、なぜかあまり指摘されることがない。

私が見たところ、**経営者は腹をくくるのと同時並行して、常に抜け道を探しているようなところがある。**

たとえば前章135ページの製薬会社の例で、こちらが「中国進出には可能性がありそうですが、そうなったらA薬の開発はできませんから諦めるしかないですね」と説明しても、社長は決してそれを真《ま》に受けない。

A薬もどこか他社と共同開発したらコストが半分になって、中国進出と同時にできるんじゃないか、などと考えるのが経営者なのである。私は、ここで下の者やコンサルタントのいうことを真に受けてしまって、すぐにA薬と中国進出の二者択一に行き着いてしまうのは、実はほんとうの経営者ではないという気がしている。

経営者は転んでもタダでは起きない。なんとか一石二鳥を狙えないかと、いつもあれこれ手立てを考えている。彼には一筋縄ではいかないしたたかさがあって、いってしまえばズルイ考え方ができるのである。

経営の視点にはこういう要素が非常に大事なのだ。

経営トップになれる人、なれない人

考えてみれば、経営者にズルさのようなものが必要なのは、当然のことなのだ。

リーダーにだけ許された特権というのがある。たとえばリーダー以外の人は、勝手に前提や建前を変えたり、ルールを変更しようとしたら罰せられてしまうけれど、企業トップだけはこれができるのだ。

ということは、経営者は下の者に向かっては「当たり前のことをきちんとやりなさい」といったりするものの、経営者自身は、当たり前のことを真面目に詰めていたら成り立たない商売だということにもなる。

リーダーの特権として許された手段の選択肢が社内の誰よりも多いわけだから、ときにはこれをフルに行使してでも、経営者でなければできない発想で会社を経営していく。それをいまズルイ経営といったわけだが、実際こういうのは、ある意味でどうも経営者の義務でさえあるのではないか？

下で真面目に仕えていくタイプはこれができなくて、彼がなかなか経営者になれない理由となっていることが多い。

このあたりのことを図⑯、⑰にまとめてみた。図⑯のほうに「経営者になれる条件」、図⑰には「管理職になれる条件」を書き込んである。それぞれの使命または義務が、中央の楕円《だえん》の中にある「業績の向上」と「責任を持って業務を遂行《すいこう》する」である。両者の決定的な違いは、主にここからきているといっていい。

どちらかというと私自身も、当たり前のことを真面目に詰めるというのに陥りやすいところがあるからわかるのだが、**ふつうの会社のサラリーマンを長くやっていると、どうしても経営者に必要なズルさみたいなものが身につかないままできてしまうものだ。**

彼がそこで鍛《きた》えられるのは、もっぱら真面目に詰めていく仕事ぶりのほうである。

逆に、経営者の中でもオーナー社長や長期政権の名物社長には、したたかな雰囲気

図⑯　経営者になれる条件

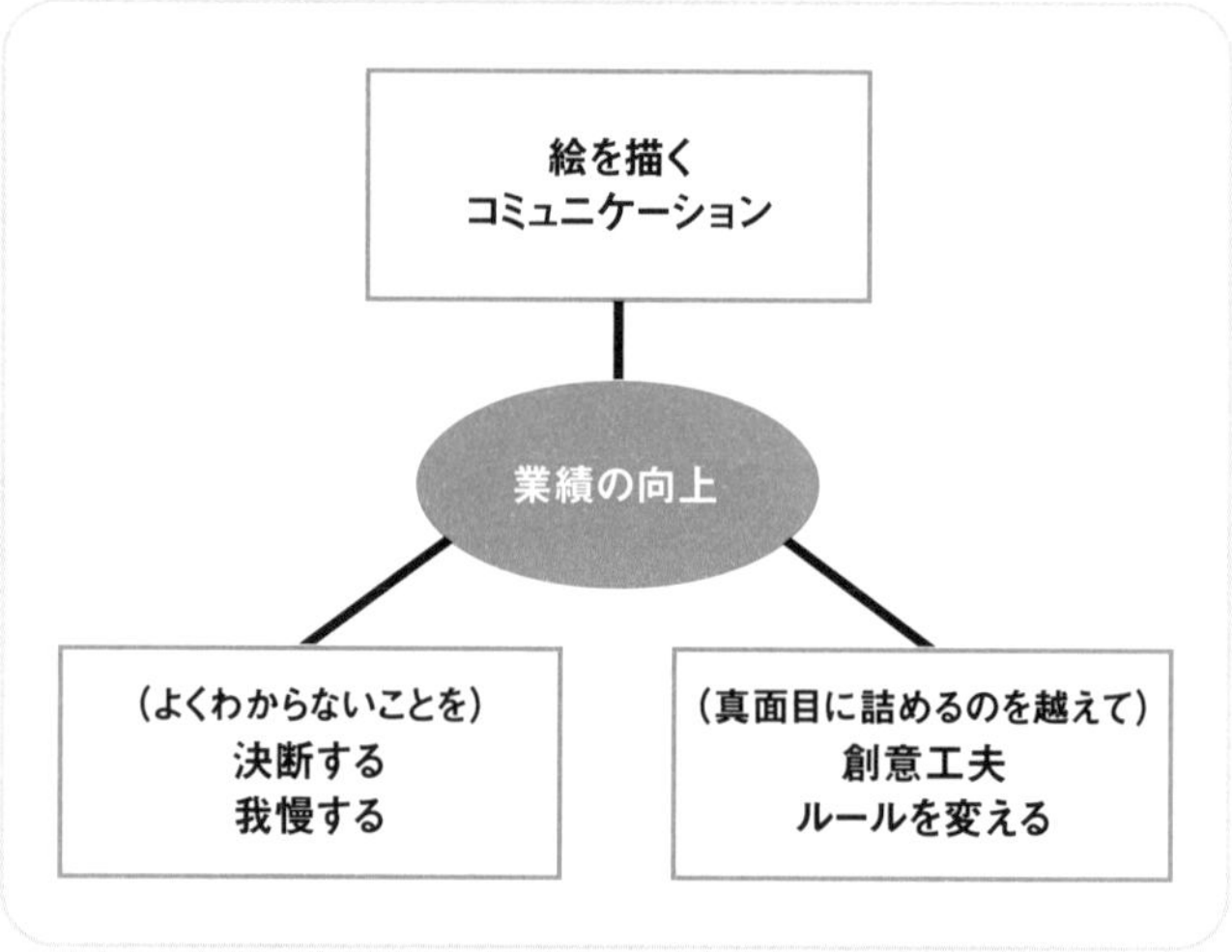

図⑰　管理職になれる条件

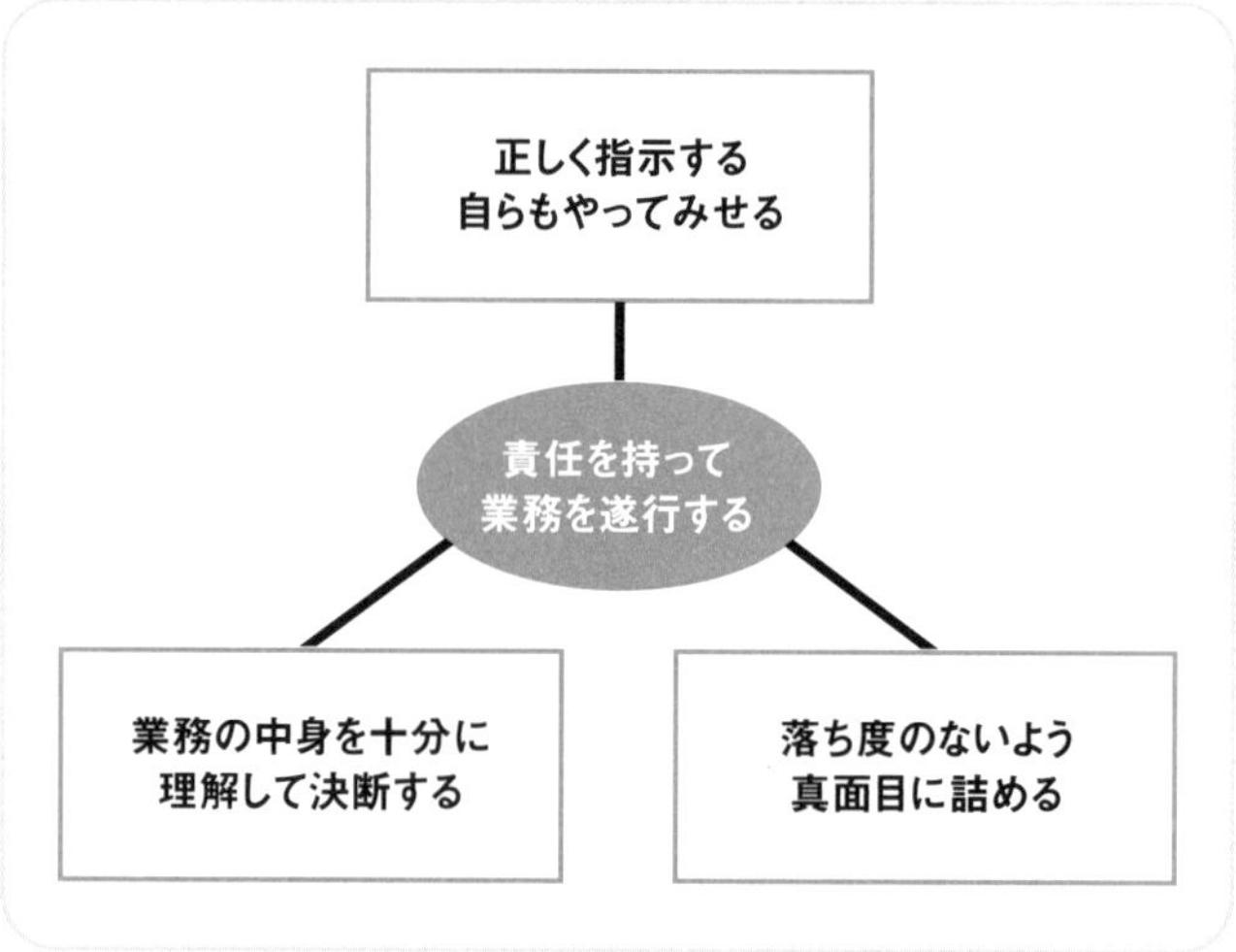

を強くかもし出す人が多いのだが、もちろんこれは偶然ではない。

あらゆる会社が例外なく山のように問題を抱えている。会社とはそういうものだ。したがって経営というのは、どんなに大きな会社でも、いくらカネがあってヒトに恵まれていたとしても、経営者のズルさなしでは成り立たない。

経営者たちのこの目のつけどころ、したたかさ、ズルさを早いうちから身につけられたら、経営者にもなれるし経営コンサルタントもできる。たぶん何のビジネスをやっても成功できるはずである。

何かの手法に従ってやっていれば答えが出るといった仕事ぶりでは、最後は必ずにっちもさっちもいかなくなるのが明らかだ。経営者に独特な目のつけどころというのは一朝一夕《いっちょういっせき》に身につくものではないにせよ、仕事に必要なのはマニュアルではなくズルさだと心得て、ここはせめて、少しでも彼らの視点を学び取りたいという気持ちが大切である。

B

仕事の「進め方」＝アイツに任せれば安心と評価される仕事術

――素人とプロとの決定的な差はここにある

すでに書いたが、私は経営コンサルタントしかしたことがない。

つまり、プロジェクト運営についてはいろんな実践的ノウハウを持っているつもりだが、これが他の業界の仕事の進め方にも通用するかどうか、ちょっと心配である。

でも、どんな業界でも仕事の本質的な部分に大きな差はないし、最近はどこでもプロジェクト形式で仕事をする機会も増えていることだから、自分の本筋《ほんすじ》のプロジェクト運営ということで話を進めていくことにする。

その代わり、とくに汎用性のありそうな仕事の進め方のノウハウを選んで、なるべくわかりやすく紹介していくつもりである。ただし、私のいうプロジェクトとは、ただ既定《きてい》の手順をこなせば終了するというものではなく、何らかの成果を目指してチャレンジしていくタイプのものと考えていただきたい。

最初はプロジェクト運営のプロと素人との決定的な違いから。

これは次の質問を一つしてみるだけで判断できる。

――あなたは、プロジェクト運営の成否はいかにきちんとした計画を立てるかで決まると考えますか？

きちんとした計画で決まると答えた方。はい、あなたはまだ素人ですね。

計画にはあまりこだわらないと答えた方。あなたは少なくとも素人じゃありません。

プロジェクト運営にトラブルはつきものである。私がこれまで経験した何百本かのプロジェクトの中で、順調に進んだものは一本としてなかった。プロジェクトには必ず何らかのトラブルが起こる。

これは最初から動かし難《がた》い前提なのだ。

したがって、**プロジェクト運営がうまい人とは**、どんなトラブルがありそうか、どんなところに落とし穴があるかというのを「**予見できる人**」。または、**予見できなくても、トラブルが起きたときにそれを**「**ハンドルできる人**」。**このいずれか、あるいは両方の資質を備えている人のことである。**

プロジェクトにはトラブルがつきものと思い知る経験を、まだイヤというほどしていない若い人たちは、工期も工程数も少なく読んでしまいがちだし、あくまで計画どおりにキチンと進めようと、できもしないことを考える。

これだとほぼ間違いなく、あなたの行く手には泥沼のストレス地獄が待ち受けている、と断言してもいい。

断言ついでにもう一つ、**プロジェクトに計画どおりの進行を求めたら、必ず空中分解の危機を招く**ことになる。

もちろん最初に計画は立てるのだが、その**計画で厳守しなくてはならないのは、唯一、お客さんから与えられた「納期」だけ**だ。他については、あまりうるさくいわないほうがいい。プロジェクトでは、きちんとした「ハードな管理」は禁物《きんもつ》なのである。

プロジェクト管理は、むしろもっと緩《ゆる》い「ソフトな管理」が基本となる。

プロジェクトというのはほんとうに計画が立たない。各担当パートのアウトプットがすべて揃うことは皆無《かいむ》だし、手慣れたコンサルタントでもどうしようもなくなるときがある。

しかし私の経験からいえば、ソフトな管理をしているという条件つきで、なんとか幸運に支えられてプロジェクトをまっとうできるものなのだ。通常のケースだと、幸運な二、三のインタビューと、たまたまうまく出た数枚のグラフでバタバタッと戦略が成立してしまう。なぜかいつも、不思議にこういう幸運に恵まれるのである。

ただし、たしかなことは、**チームのメンバーたちをハードな管理で締《し》めつけていたら、この幸運は決して訪れてはくれない**だろう、ということだ。

最後は頭の柔らかさで勝負する

ソフトな管理をするためには、まずプロジェクト期間を「初期」「中期」「後期」に分けて、それぞれの期間は何を大切にするかを大ざっぱに決めることから始める。

実は初期と中期では、仕事に対する目のつけどころも違えば、仕事の進め方そのものも違っている。もちろん中期と後期でもまったく違う。そもそもの出発点として、このことを頭に入れておく必要がある。

そこで、初期から後期まで三つに分けて、それぞれ説明していこう。

ソフトな管理① プロジェクト初期

プロジェクトのスタート時に大切なのは、**お客さん（仕事の発注者）と自分たちのチームのレベルを、ともにしっかり把握しておく**ことである。

お客さんのほうについては、プロジェクトに何を期待していて、どれくらいの質と量のものを成果として出せば納得してくれるか、ということを正しく設定しておかなければならない。そうでないと、その後の数カ月間の作業がまったく不適切なものになってしまうことになる。

チームの把握は、作業をする肝心の実働部隊の力が、掛《か》け値《ね》なしのところでどのくらいあるのか。個々人それぞれについて、誰にどんな特性があり、どんな能力があるのかを知っておかないと、チームとしての持てる総合力を適切に発揮《はっき》させられないことになる。

バカバカしいような話に聞こえるかもしれないけれど、これは一般的に大変緩くやられていて、とりあえずスタートしてしまおうといった感じのチームが多い。そしてだいたいは、あとで大変な目に遭《あ》うことになる。

お客さんの期待値を読み違えると、必要以上の労力をかけて仕事をしなくてはならなかったり、逆に簡単な作業ですむと思ってやっていたら最後にまったく納得をしてもらえなかったり、チームの能力を読み誤れば、コイツに任せておけば安心と思っていたら、実はぜんぜん仕事ができなかったことがあとでバレたりと、いずれにしてもロクなことにならない。

全体はソフトな管理であっても、ここだけは反対に厳しい目で見て、キチンと捉えておく必要があるのだ。

初期にやる仕事の特徴は、まだ答えがまるでわかっていないことである。

答えがわからないというのはけっこう難しいことで、しかし、初期で答えをつくってしまって面白いものになったためしはない。だからあえて仮説、それもだいたいこの方向でという「筋」だけを決めて、広い範囲から答えの候補集めを進めていくようにする。

繰り返しになるが、とくに初期には**ギリギリのスケジュールを立てるような過《あやま》ちは、決してしないことだ。**

ソフトな管理② プロジェクト中期

中期にすべきソフトな管理のポイントには、大きくは以下の三つがある。

①拡散と収束

プロジェクト初期の段階で、それぞれが面白い答えを探すために「拡散」させていた話や作業の範囲をいつの時点で一気に「収束」させて、仮説なり答え、あるいはあとはこれを徹底的にやっていくんだというコンセプトを絞り込むか。中期での、プロジェクトの結果を大きく左右する重要ポイントは、なんといってもこの拡散と収束である。

早く収束させすぎたら、きっと答えがつまらないものになってしまう。かといって、収束のタイミングが遅れてどんどん進んでしまうと、今度は拡散しすぎて収拾がつかなくなる。

プロジェクトを仕切る立場の人にとっては、いまは拡散のタイミングなのか、収束のタイミングなのか、これをそうとう強く意識しておくのがプロジェクトを成功させる鍵となるのである。

②ブラブラ管理

いくらソフトな管理でいくとはいっても、二週間に一回は会ってキチンと話そうとか、あるいはレポートを出そうよとか、どこのチームであれ、全体や個人で、何回かの定例報告をするように決められているのがふつうだ。

そういうフォーマルな管理とは別に、チームの人たちのところにぶらっと立ち寄って、どう、どんな感じ？　などと軽く聞いてみる。

こういうのを**「ブラブラ管理」**という。

聞いたときに、チームの人間にまだ何も報告できるようなことがなくても、それはそれでかまわないのである。そうであっても、コイツ、何だか苦しそうだな、こっちは余裕でやっているな、などということは早い段階でもわかるわけだ。

インフォーマルにただみんなのあいだをブラブラして、肩越しに覗《のぞ》き込んで声をかけるだけ。こういうのが実に大事なのである。なぜなら、これで全体の状況把握や、仕事上およびチーム内でのゴタゴタなどの初期発見などができ、致命的になる前にトラブルの芽を摘《つ》むことができるからだ。

一方、何月何日の午後何時にミーティングをセットします、というのではダメである。そういうフォーマルなミーティングで話を聞くと、みんなもいろいろ用意をしてくるし、なかなかほんとうのところが見えてこないので何事も手遅れ、となることが多い。

通常、部下たちというのは、のっぴきならない状況になってしまうまでは、トラブルを上司のところには上げてこないものだ。

忙しいリーダーであるほど、トラブルの処理はオレがやるとしても、自分の手に負《お》えなくなる前に報告してくるのは部下の役目だ、と考えがちである。たしかにそれが正論なのだけれど、私が知る限りそれでうまくトラブルが回避された例はほとんどない。

やはり私としては、**ブラブラ管理でこちらから出向いていって、声をかけたときにその兆候を感じたら「何か困ってそうだね」「へぇ、何でそうなっちゃったんだろう？」などと、部下がまだ話しやすい段階でトラブルを発見してやる**のがいいと思っている。

ブラブラ管理は時間がかかるというものでもないから、少ない労力で大きな効果を上げるという点では、これほど優れたマネジメントは他にはないかもしれない。

③多重なアプローチ

「収束」の結果、特定の仮説に絞り込むが、逆にその**仮説に沿ってのアプローチについてはあらゆる方向からトライしてもらう**ようにする。

ここでいうアプローチというのは、同じ仮説を証明するためのさまざまな方法のことで、たとえば、一つは現場のインタビューから、もう一つは定量分析からといった具合である。ちょっとばかりズルイが、みんなそれぞれに多重なアプローチをさせておいて、あっちのは外れて死んじゃったけれど、こっちのが生き残ったからいいやという構えである。

実際、結果にたどり着けないアプローチも多いのである。アプローチの方向はあまり安易に絞り込んでしまわないことだ。

ソフトな管理③ プロジェクト後期

プロジェクトが全体にうまく運んだときには、後期についてはマネジメントもクソもなくすんなり収まるのだが、トラブルが起きてしまったときにはなかなかきつい。私がホトホト困ったときの話などは、だいたいがプロジェクト後期でのものである。

そのときどきを思い返してみるに、トラブルの種類は大きく三つだといってよさそうだ。これをトラブル処理のやり方のほうから見て、次に挙げてみる。

①メンバーは答えを知っている

困ったことその一は、ここまできてまだ答えが見つからないんですとか、どうしていいかわかりません、という事態である。これはホントに困る。

しかし、よく聞いてみると、メンバーは実は答えを知っている、ということが多い。というのは、メンバーは実務をやっていて常に現場と接触しながらリサーチしたり、お客さんと直《じか》に会っているうちに、その中に巻き込まれて答えが見えなくなってしまっているだけなのだ。

部下が報告してきたものを見ると、何もできていないし何もわかっていない。イカン、これはもうプロジェクトは破局だ、と思ったことが何回かあるが、実はだいたいさにあらず。あれこれ聞いていってみると、とんでもなく面白いことを知っていたりする。答えを見失っているだけで、彼はほんとうはよい答えを持っているのだ。

ややこしい言い方になるが、メンバーには「自分は答えがわかっているというふうには」答えがわかっていない、だけなのである。この、**あるのに隠れてしまっている答えを部下からの聞き取りで引き出してやる**のは、後期の段階ではぜひ試みるべき大切なことの一つだ。

②何が答えかは結局こちらで決められる

たとえば先の小売チェーンのケース（153ページ）がしかりで、お客さんに新規事業の開発を頼まれたとしても、答えに新規事業の戦略しか持っていってはいけないわけではない。あのときは結局、私たちは本業のほうの組織改善が筋だとわかって、社長に説明したうえで方向転換をしている。

つまり、何が答えかは、実はこちらで決められるのである。言い方を換えれば、**より深いレベルのお客さんのニーズに合致《がっち》すれば、課題設定そのものを変えてもいい**ということだ。

工夫のない人だと、お客さんが営業戦略を出せといっている以上、よい答えがないのに何が何でも営業戦略を持っていこうとして困ってしまう。これが手慣れたコンサルタントだと、これだけやってうまくいかないのはどうも営業戦略筋ではないなと気がついて、お客さんには「これは営業戦略ではなく、人事の問題ですね」などと答えるわけだ。

次の③も、この話と関係してくる。

③お客さんは結局のところ実利を求めている

これはまた、お客さんがプロジェクトを発注した大元の動機でもある。

営業戦略を頼まれて人事戦略を答えとして持っていっても、要はそれが、会社がよくなればいい、もしくは儲かればいいという大元の動機にちゃんと行き着いていれば、お客さんを満足させられるのだ。

物づくりのプロジェクトでも同じで、ヒットするカメラをつくれといわれて、それはどうしてもつくれなかった代わりに、画期的なビデオをつくってそれがヒットしたとすれば、きっと命令した上司も満足、満足、だと思うのだが、どうだろうか。

後期の段階になっていよいよ答えを出さなくてはならないとき、よくよく考えてみると、そこには思った以上の自由度があることがわかる。**こちらがキチッと考えて別の有効な課題設定ができるなら、発注に対する答えは出せなかったとしても、プロジェクトは成功させられる**のだ。

いわばこれは、プロジェクトを成功させるための最後の砦《とりで》といえる。

私たちコンサルタントがやる戦略プロジェクトのように、答えの決まっていない不確定な仕事、スタートした時点では見えていないものを追っていかなくてはならない仕事の場合には、それがどこの業界の仕事であっても同じ。必ず、こうした頭の柔らかさも含めた臨機応変さが求められるはずである。

以上、AとBの二部構成で私なりの仕事術のノウハウを紹介してみた。

これらをしっかりと身につけてしまえば、もうだいたいの仕事なら「アイツに任せておけば安心だ」となるはずだ。これはいささかの自信を持っていっておきたい。

第4章

仕事を通じて
実践力を身につけよ

ビジネスにいちばん大切なもの

まず基本。ほんとうの実践力は現場を踏まないと身につかない。

そして現実。いくら現場を踏んでもなかなか実践力が身につかない人もいる。

仕事の実践力を身につけるには、いずれにせよ現場を踏まないといけない。現場とは人間関係の場でもある。その先、仕事の実践力が身につく人と身につかない人に分かれるのは、やっぱり彼が人間というものをわかっているかどうか。もっと簡単にいえば、彼が人に好かれるか、人から可愛《かわい》がってもらえるかどうか、である。

もとよりのこと、**人から好かれたり可愛がられる人のほうが、より早く、より大きく、仕事の実践力を身につけることになる。**

これが結論。

と、いきなり結論を書いてから最終章をスタートさせたのには訳がある。

私たち経営コンサルタントというのは、かなり特殊な職業だ。世間からけっこう誤解もされている。私自身も最初は誤解していたくらいだから、これは無理もない。

二十数年前にＢＣＧに入社したとき、同期も先輩も上司も例外なくみんな学歴は金ぴかだし、一見した印象もいかにもキレモノ揃いといった感じだった。仕事は大企業の経営戦略づくり。なんととんでもない知的集団の中に入ってしまったもんだ。これが当時の私の率直《そっちょく》な心境だった。

実際、経営コンサルタントは持てる知恵の総力を結集して戦略をつむぎ出す。戦略は家電製品のように形あるものではないが、私たちの仕事も間違いなくメーカーであって、仕事の第一義は経営戦略の「中身づくり」にある。

だから経営コンサルタントは、頭がよければそれでいい。

ところがこれ、大間違いだった。

極めつけに頭がよくて、仕事も真面目にバリバリやっていた人たちが、コンサル業界からどんどん消えていった。これは、第1章で書いた「頭がよくて真面目だがコンサルタントには向いていなかった人」の話に限らない。キチンと中身づくりができ、プレゼンも十分にこなせてもなお、消えていった人たちがたくさんいる。

世の中には、私たちのようになんといっても中身づくりが第一義という仕事は、実は意外に少ないのだと思う。

程度の差こそあれ、日本の八割から九割までの業界が、すでに他社との差別化には限界がきていて、いずれも似たような商品を売っている。こうなると自然に、中身づくりはもう第一義ではなくなるのだ。

では彼ら大多数のビジネスマンは、どこで勝負しているのか？

ビジネスは相手があって成立するものだ。だから、ごくシンプルな筋で考えて仮説を立ててみると、「お客さんとの人間関係をうまくやれるか否か、彼らはここで勝負している」ということになる。

この仮説はおそらく正しい。

そして面白いことに、いまだに中身で勝負している私たちコンサル業界にも、この仮説はそのまま通用する。

私たちは中身がつくれなくては話にならないが、かといって、やはり中身をうまくつくれればそれだけでいいというわけでもない。現実には、お客さんとの人間関係をうまくやれるかどうかも、少なからず影響してくる。

つまり、中身づくりの比重がふつうよりは大きいというだけのことだ。結局は私たちだって最後は、**お客さんとの人間関係をうまくやれるかどうか**、なのである。

仕事は上司よりも客に学べ

いや、お客さんとの人間関係をうまくやるなどとは、実はおこがましい。私たちコンサルタントはみな、お客さんに仕事を教えられて育ってきた。

私もやはり、お客さんからいちばん多くのことを教わってきたという実感がある。会社の上司に教わったこともないではない。しかし、なんといってもお客さんに教わることのほうが強烈で、楽しさ苦しさ両方の意味でいちばん心に残っている。

BCGに入って最初にやらされたのは、ある商品の調査の仕事で、販売店を二十社ほど回って担当者から話を聞いてくることだった。誰かがあらかじめインタビューの場を設定してくれているわけではない。いきなり電話をして、これこれこういうことについてお聞きしたいのですが、ついてはお時間を取っていただけませんか、と自分でアポイントを取れというのだ。

そもそも私は、このアポ取りからして気分は絶望的だった。そんなのOKしてくれるはずがないじゃない。

こちらは別に謝礼を払うわけではないのだ。あちらにしてみれば何のメリットもないどころか、この商品のどういうところがよくて売れていると思いますか、などと学校出たての新入社員に聞かれて、逆に業界事情などを教えてやらなくてはならない。

もっといえば、こちらは担当者が教えてくれたことを集めてまとめれば、一つの調査になって仕事になる。

第1章にも書いたとおり、最初は苦労したものの、最後にはなんとか調査に十分なだけのアポ取りができた。最初はみなさん、「そんなのめんどくさいな」とか「イヤだ」とか「何のためにそんなこと聞くんだ」とか冷たいことをいうのだが、こちらが粘《ねば》っていると「しょうがねえな」といった感じでOKしてくれるのだ。

二十社に及ぶアポが取れてリストを眺めたとき、われながら不思議で頬《ほお》でもツネりたくなった。しかしこれは現実なのだ。

彼らには何のメリットもないのになぜ協力してくれたのだろう、という疑問が解けたのは、実際に何人かの担当者をインタビューしたあとだった。

——そうか、みんな基本的に、自分のことは喋りたいんだ。

どうやらそのとおりなのである。

自分がやっていること、知っていること、自信があること、知識、知恵、こちらがうまく聞いてあげれば、みんな饒舌《じょうぜつ》に喋ってくれる。極端なことをいえば、自分のことを喋らせてあげたら、その人はそれだけでけっこうハッピーなのだ。

これがわかってからはインタビューが非常に楽になった。

何かお土産《みやげ》を持っていったり、下調べをしてその人が知らない情報を教えてあげるといった気配りもやったほうがいいとは思うが、しかし基本のところは彼は、「ほんとうは喋りたい」のだ。

だから、**お客さんの前で自分のことをあれこれ喋る訓練なんかするよりも、聞き上手になるほうがだんぜんいい**。聞き上手、喋らせ上手になって、相手に思い切り喋ってもらったら、その一時間を気持ちよく過ごしてもらえる。

自分のことを気持ちよく喋っているときなら、かなり重要なことまで聞いても大丈夫だということもわかった。これだけでも、ほかの人の仕事より充実したものができる。

当然ながら、聞き上手のほうが、お客さんからより多くのことを教えてもらえるのである。

仕事ができすぎる人は嫌われる

早くも初仕事で、私はお客さんによいことを一つ、教えてもらったわけだ。

またこれとは別に、ちょっと時間がかかったけれど、やはりいろんなお客さんと過ごしているうちに教えられたことがある。

コンサルタントという仕事柄《がら》、私たちはどうしても、正しいことをいうとか、気の利いたことをいう、何かよい提案をするといったことに気を使う。これは仕方ないというか、私たちは本来そうあるべきだ。

しかし、お客さんに好かれるかどうかは、また別問題なのである。

好き嫌いというのは、仕事の中身とは関係なくディテールで決まるのだ。

コンサルタントは仕事に中身がないとお金を払ってもらえないし、それ以前に仕事を発注してもらえない。一方で、**好きか嫌いかは、ちょっとした相槌《あいづち》の打ち方とか、何かちょっと可愛げのある行動をとったとか、何かでちょっとしたことを助けてあげたとか、中身とは関係のないディテールの部分で決まる。**

若きコンサルタント古谷は、中身がなくちゃ仕事にならないという気持ちが強いこともあって、この「中身vs好き嫌い」の命題をほんとうに理解し納得するのに、ふつうより時間がかかった。

仕事はできなくちゃいけないが、むしろそれ以上に、お客さんから好かれなくてはダメだ、と。きっと、コンサル以外の多くの業界の人たちだと、もっと早い時期により切実に思い知らされることになるのだろうと思う。

まあ、どんな業界であれ、いちばんよいのは、中身もあって、しかもお客さんに好かれる人になることだ。

コンサルタントの世界でも、最初はみんな頭のよさや知識の豊富さで採用されるのだが、やがて途中からグンと伸びる人と、何かつまらないコンサルタントになってしまう人とに分かれていく。

彼我の違いを身近で見ていると、結局はお客さんに好かれたり救われたりする人間かどうか、にかかってくる。

というのは、まず経営コンサルタントのお客さんは、とくに若いうちは自分よりはるかに年上の人ばかりである。ビジネスマンとしての大先輩であり、ほぼ例外なく経験豊富で優れた見識を持った人たちだ。

こういう人たちから可愛がられていろいろ教えてもらえた人と、何らかの理由でそういう恩恵にあずかれなかった人とでは、雲泥の差がつくとしても不思議ではない。

困るのは、優秀で自分の能力に自信がある人ほど、おしなべて対人関係に無頓着なことだ。自分の経験から、お客さんに対してはこういう配慮をするといい、というアドバイスをしても、ほとんど聞く耳を持ってくれなかったりする。

たしかにそのアドバイスは、彼らにとってはバカバカしいような話にすぎない。

たとえば、お客さんと親しくなるには、何か頼みごとをするといい、というのがある。ふつうこれは逆で、頼みごとなどなるべくしないほうがいいのだが、**お客さんが目上や年上ばかりのコンサル業界では、むしろ「頼め」**となるのだ。

もちろん、わざとらしくやったらダメである。今度のセミナーで何か喋ってくださいとか、こちらが頼んでいるようでいて、どこか頼まれたお客さんのプライドをくすぐっているような、微妙なサジ加減。あるいは、お客さんがさして負担に感じないささいな頼みごとだ。

バカバカしさついでにもう一つ。言い古された言葉だけれど、**「人は欠点で愛される」**は、コンサル業界でこそ生きてくる。

中身で勝負のコンサルタントでも、いかにもキレ者然《ぜん》としている人は、どうしても周りからは敬遠されがちである。私などは、コンサルタントの看板を掲げていれば中身づくりができるくらいわかってもらえるはずだから、見てくれまでそれを強調しなくてもいいんじゃないかと思うのだが、彼らとしてはそうはいかないらしい。

バカに見えたら困るかもしれないけれど、一見して近寄り難いまでのキレ者ぶりは、人間関係には明らかに邪魔である。

中身づくりの能力がすばらしくても、こういうことに意を用いるのをバカバカしいとしか思えない人は、自分の枠の中だけでとどまってしまうことになる。その結果、自分の殻を破れないために、ある時点から先の成長が止まってしまうのだ。

対して、お客さんから何かを学べたり引き出せたりする人は、自分の殻を破ってどこまでも伸びていく可能性がある。

ある意味で、**バカになれない、素直になれない人は、一流にはなれても超一流にはなれない。**

一〇〇%的中！　トップの心理学

ひょっとしてもうコンサルタントができなくなってしまうんじゃないか、という古谷私家版《しかばん》の〝危険文書〟がある。

題して「一〇〇％的中！　トップの心理学」である。

私はこれまで、数多くの企業トップと会うチャンスに恵まれてきた。その数、数百人。しかも職業柄、彼らが経営判断を下す場面や、つい悩みを洩《も》らす場面に出くわすことも多かった。

一言《ひとこと》でトップといっても、ほんとうに種々雑多な人がいる。ところが彼らはなんというか、一方で笑っちゃうほどの共通性を持っているのである。

これは、トップであれば年代も業種も問わない。あまりに共通しているところをみると、たぶん彼らの「人間」としてのオリジナルな性格ではなくて、そういう「立場」になった人が結果として身につけてしまう性癖《せいへき》だと思われる。

よく「地位が人をつくる」というが、この言葉はプラス面でもマイナス面でも、かなり真理をついているようである。

まあここは、お客さんを知る重要性という流れに従えば、トップの話題には十分な意味があるはずだと割り切ってしまうことにしよう。

トップの心理学①

会った瞬間で人を判断する

彼らは人の話を長く聞かない。聞いてもせいぜい三分だ。

会った瞬間に相手のどこを見るのか。雰囲気、気迫、声の具合、仕草《しぐさ》や態度、ちょっと特定は難しいが、きっとそれらのトータルされた何かなのだろう。彼らは人に会うことについては、向こうから会いたい、会いたいとイヤというほど寄ってくるから、もう独特の判断力ができ上がってしまっているらしい。

会う側としては、トップに何らかの評価を下されるまでの時間に、喋れるのは一言か二言だ。そのわずかなチャンスに何をいったか、どんなふうにいったか、どんな態度で言葉を吐《は》いたか、これだけですべてが決まってしまう。

ここで気に入られたら、若い人であっても仲よくなれて、あとの話は非常にスムースにいく。「爺殺《じじごろ》し」などといわれる人たちは、こういうときのトップの感覚がピッと飲み込めるタイプで、逆にその感じを読み取れない人はたぶんトップとはつき合えない。

取ってくれた時間内は話ができるとしても、いったんコイツふつうの奴だなとか、オレの部下と変わらんなと思われてしまったら、あとの会話はトップにとってさしたる意味はないのである。

トップの心理学②

自分の会社には人材がいないと思っている

コンサルタントの目から見ると人材がたくさんいる会社だなと思っても、トップだけは決してそうは思っていない。

どこのトップも必ず、ウチの役員にはロクなのがいない、肝心な仕事となると誰にも任せられないと、いつも嘆いている。聞きようによっては、オレだけが人材であとはどうしようもないヤツばかりだ、といっているようにさえ聞こえるくらいだ。

「下からの提案がない」というのもよく聞くトップの言葉である。これは、上場企業から中小、零細企業まで、オーナー社長とサラリーマン社長の違いを問わず、みんなそうである。

トップの心理学③

誰もが「オレはいつも我慢している」と思っている

相手が専務であれ常務であれ、オレはいつもいいたいことをいわずに、グッと我慢してオマエたちのいうことを聞いているんだ、と思っている。それぞれのトップの我慢の度合いはわからないが、誰もがこういう点では同じだ。

逆に、**社外の人から「社長が我慢しているのがよくわかります」といわれると、すぐに「そうだろ、わかるだろう」となる。**

トップの心理学④

現場と新人が好きである

トップがコンサルタントに「いま現場に行ってきたところだ」とか、「オレはときどき若い社員たちを集めて話を聞いているんだ」と自慢げに話すのはよくあることだ。

一つに、彼らとは直接に利害関係がない。

もう一つは、トップは「いちばん末端には、いちばん真実がある」ということを、理屈ではなく感じている。途中にあるいろんなフィルターを通り、さまざまな思惑《おもわく》が加わって下から上がってきた報告などより、トップは直接に聞くナマの声を好むのだ。

現場や新人から直に得た情報や報告が正しいかどうかは別にして、そういうのをトップが大好きなことだけは確かである。

トップの心理学⑤ 時として権力を試してみたくなる

名刺の肩書には社長や会長とあっても、自分がほんとうに権力を持っているのかは、実際に試してみなければ実感できない。したがってトップは、ときどき自分の権力を試してみたくなる。

このとき、試せることというのは、ちょっと意地悪いようなことしかない。なぜなら、正しいことをルールどおりにやるのなら、別に権力はいらないのである。

たとえば、ルールをちょっと変えてみたり、わざわざ少しひねくってみて、それがまかり通るかどうか確認してみる。もちろんそれは通るのだが、そのトップがいじったルールに合わせて仕事のやり方などを変えなくてはならない下の者には、単なる意地悪にしか思えなくても無理はないだろう。

ふだんは現場の仕事第一といっていても、部下をちょっと呼び出したとき、つかまらなかったりすると、「社長のオレが呼んでいるのに、もっと大事なことなんてあるのか」といったりもする。

もちろん無謀なことは決してしないが、**誰かにつまらない仕事をやらせ続けるといったくだらない意地悪も含めて、トップは何らかのかたちで権力を試したいものらしい。**

トップの心理学⑥ よくも悪くも責任感が人一倍強い

社内で当事者意識を持って頑張っているのは自分だけだと思っている。

これはトップとして悪いことではない。むしろ必要なことだ。しかし、これが逆の目となって表れることもある。

たとえば②と似ているが、下の者はみんな無責任なことしかいわない、と感じているトップは実に多い。また、オレは二十四時間ずっと責任感を持って会社のことを考えているというトップが多く、これが逆にオレは二十四時間仕事だからいつ息抜きに遊びに行ってもかまわないとなって、昼間などにフイッといなくなったりする。ある意味で公私混同を平然とやるわけだ。いや、公私混同というより、むしろ**公私同一**といったほうがいいのかもしれない。

こういう感覚はやはりオーナー系の社長に強くて、部下に話をするときのトーンも常に「自分は休みなく働いていて、おまえたちは休みの日には会社のことなど何も考えていない」が基本になっている。

トップの心理学⑦

役員をいつまでも子ども扱いする

オーナー社長なら、昔からの役員はいつまでも昔のまま、新しい役員は彼が新入社員のころから知っていたりもするから、それこそ子ども扱いする。

サラリーマン社長だと、役員は自分が課長のときの係長、部長のときの課長というようにずっと上司と部下でやってきたから、やはりまともに一人前扱いしようとしない。

話を聞いていると、**こちらから見たらいいおじさんで、どう見ても一人前だろうと**

思う人を子ども扱いしているのだが、トップはそのおかしさには絶対に気がつかないのである。

トップの心理学⑧ いつも孤独で相談相手がほしいと思っている

後継者問題をはじめとする役員人事のことなど、**トップは社内の者には絶対に相談できないことを抱えている。**経営者の孤独は、彼らの宿命の一つだ。

ちなみに、それを相談できる相手というのが、私たち経営コンサルタントの大きな存在意義にもなっている。

トップの心理学⑨ 二重人格である

非常に大きいことを考えた次の瞬間、出張の経費の細かい額が気になる。また、下に対して「とにかく突っ込め、絶対に引くな」といいつつ、撤退を考えるというように、**二重、三重人格的に頭が働く。**

トップの心理学⑩ 中身ではなく、いっている人の本気度で判断する

稟議書《りんぎしょ》、下からの意見、コンサルタントの提案などでもそうだが、中身が理解できないときには、トップはそれを持ち込んだ人間の本気度や信用度で成否を判断する。**ほんとうはトップにも、中身がわからないものがいっぱいある**のである。むしろ中身がしっかりわかって判断しているものは非常に少ない。だから、彼らがいい加減だという話ではなく、トップの決断の難しさ、あるいは実態である。

トップの心理学⑪ それぞれに「地雷」を抱えている

トップは、人生においてもビジネスにおいても、辛いことも含めて豊かな経験を積んできているから、少々のことではびくともしない強さを持っている。その反面、**ここには触れられたくない、それだけはいわれたくないということも必ず抱えていて、そこに踏み込んでこられたときの傷つき方も、人一倍《ひといちばい》大きい**。

社内の人間はそれが何かを心得ていて、絶対に触れないようにしているからいい

が、何も知らない外部の人間は、トップが抱えているその「地雷」を踏んでしまうことがある。

私たちが何かを提案して、なぜこの答えにOKが出ないんだろうと不思議だったりするときなど、自分たちが知らないうちに踏んではならないトップの地雷を踏んでいたからだった、ということも少なくない。

もっとも、逆にこちらも何が地雷かわかっていて、あえてそこに触れにいく高等戦術を使うこともある。

トップが抱える地雷にパターンはなく、人によってみんなそれぞれである。

トップの心理学⑫

あくまで結果でしか評価しない

口ではプロセス重視といってはいても、実際にはトップは何事も結果でしか見ていない。

会社でただ一人、最終的な結果責任を背負っているトップだけに、これには無理もないところがある。下にはそのままストレートにいえないが、やはり**何よりもまず結**

果を出してもらわないと困る、というのがすべてのトップの本音である。

――トップはこうして説得する

戦略コンサルティングというのは、もともと企業トップへのアドバイスという要素が強い。

つまり、経営コンサルタントのお客さんはトップばかりというわけではないが、最終的な決定権者がトップである以上、私たちが提出する提案書などは常にトップを意識してつくられることになる。

たとえばトップの心理学①にもあったように、トップは忙しくて時間がないから、だいたいのことは瞬時にパッと判断を下す。少なくとも、何事も長時間をかけてじっくり考えないと判断できないという人には、トップは務まらない。

簡単にいうと、**トップは短気である**。

だから、トップに対して短時間でキチッと物事を報告できたり、あるいは説得できる人は、すばらしい力量の持ち主だと思う。そしてまた、そういう人が身につけているノウハウ（たとえば「社長への報告や提案はいきなり結論から入る」など）は、おそらくそのまま私たち経営コンサルタントのノウハウでもある。

もっとも、トップを満足させる報告や説明を短時間のうちにやれる人というのは、日ごろからそういう訓練ばかりしているコンサル業界以外には、めったにいない。

他業界の人たちがコンサルタントを揶揄《やゆ》するとき、私たちが提案してトップのＯＫをもらった戦略について、「ああいうのってさ、もう社内にはちゃんとアイデアも答えもあったんだけど、外部の人にいってもらうとウチの社長も素直に聞くからな」という言い方をよくする。

トップの心理学からいっても、外部の第三者だからという要素はたしかにあったのかもしれない。しかし、それだけではないのだ。もっと大きな要素として、トップへの説明の仕方が圧倒的に違う、というのが必ずある。

もしほんとうに同じ内容のことであっても、社内の人や、トップへの提案に慣れていないコンサルティング会社がつくった資料などで説明されると、トップはまったく聞く気がしなくなってしまうのである。

私たちがつくるものは、スライド一枚をとってみても、他とはまったく違う。**一枚のスライドには一つのメッセージしか入れない**のだ。

まだ中堅幹部向けのコンサルでは、かえっていろいろ調べたことをたくさん詰め込めといわれるし、またそれを評価されるのだが、トップを意識してつくるときにはノウハウはまったく逆になってしまう。

具体的には、スライドに限らず何事も簡潔にすることを要求されるなかでそうしたスライド類を五十枚ほどつくり、トップがいる前でそれを一時間くらいかけて説明していく。このとき、いいたいことは最後の五十枚目にある提案なのだ。

とにかくそこまではトップの興味を惹《ひ》き続けないといけないし、少なくとも彼を飽きさせてしまったらおしまいである。だから、簡潔にというだけではなく、それこそトップの心理をつくための戦術も、必要に応じて駆使《くし》する。

たとえば、トップは中途半端な話にはあまり興味がない。**非常にマクロの話か、反対にごくミクロな話が好き**なのだ。

そこで、結論や大きな仕組み、概念の話を出したら、その次は一転して現場の、しかもトップが日ごろ見たことのないようなメチャクチャ卑近《ひきん》な例を出したりする。トップは現場が好きなのである（トップの心理学④）。

ある販売店の誰それがこういっていた、また何々工場の人たちに聞き取り調査をしてみたらこういう結果が出たなど、そのスライド一枚でトップに理解してもらえたことも少なくない。

ほんとうはそれ一つでは厳密な証明にはならないのだが、私たちは**トップが何を信用し、何に興味を持ち、どういう理解の仕方をするかがわかったうえで、諸々の説明資料をつくる。**ポイントをつかんでつくるのと、つかんでもいないでつくるのとでは、説得力において雲泥の差が出てくるのは明らかである。

ふつう人は、友だち同士や近いポジションにいる人の立場や考え方なら理解しやすいが、企業トップのように自分より社会的にかなり上の人たちの思考パターンとなると、想像してみてもなかなかわからない。

その点、ここまで書いてきたトップの心理学や、その応用としてのトップの説得術などを参考にしてもらうと、その想像がある程度まで的を射たものになっていく。

あらゆるビジネスはトップたちの決断によって動いている。ビジネスを動かしている人たちの心理を知り、さらに彼らを説得できるノウハウに通じることは、何もコンサルタントに限って必要なことではない。あなたがどんな業界の人であれ、間違いなく必ず役に立つ。

仕事は全体感で捉えてコツで覚えよ。これは、本書で繰り返し強調してきたことだった。

トップの思考パターンを知ることは、自分の、あるいはお客さんの会社の動きを全体感で捉えるのと同じだ。そのうえで仕事をしている人とそうでない人とでは、かなり大きな差が出てくるのが当然なのである。

仕事を楽しくする個人的な私の方法

仕事の学び方、知恵の出し方、仕事の進め方、そして本章では実践力の身につけ方と順を追って書いてきた。これでもう、いわゆる仕事術について書いておきたいことはない。

現実のビジネスはひどく広範《こうはん》にわたるもので、あらゆる業界を見てきたつもりの私にだって、当然ながら知らないことはまだまだいっぱいあるだろう。

しかし、**いつかどこかで何か未知なるものに遭遇《そうぐう》しても、自分が知りうる限りの知恵や知識、経験から汎用性のある「コツ」を導き出しておくと、ふつうの人よりはオロオロしなくてすむ**。そんな発想で書きはじめてみて、その目的はなんとか達成されているはずだという自信がある。

この他に足りないものといったら、仕事をする「あなた自身」の問題くらいだ。

人はそれぞれで、考え方もみんな違う。そもそも、ビジネスマンとして早く一人前になりたいとか、さらに一流、超一流と昇っていきたいなんて、そんなことにはまったく興味がないという人もいる。

仕事はどうせしなくてはいけないなら、せめて楽しくやればいいんであって、一人前だの一流、超一流などというのは結果論にすぎない。これも、そのとおりである。

私も最後にごく個人的な考え方を書いてみることにする。これが何かの参考になるかならないかは、それこそ人それぞれだ。そんな気分で、気楽に読んでほしいが、しかし本音である。

まずは**「精神的キャパシティ」**について。

自分がそうなりたいかどうかは別にして、成長するとか偉くなるというのはどういうことなんだろう、とふと考えてみた。その結論がこの精神的キャパシティである。

物理的キャパシティはみんな同じだし、ふつう年齢とともに衰えていく。また仕事の表面上の効率も、いくら要領よくやったところでしょせん大差はなくて、これらは成長の証《あかし》とはいえない。

そこで最初の仮説を立てた。企業で上のポジションにいる人たちを見ていると、彼らの仕事というのは、いってみれば大きなトラブル、大きな矛盾を解消することである。ということは、**大きなトラブルや矛盾を解消できる人が偉くなる人であり、偉い人だ。**

なかには変な上司がいて、何か矛盾が発生すると、自分のところで解消せずに「おまえたちで話し合ってなんとかしてみろ」と、下の者に任せてしまったりする。それはアンタの仕事だろう！　こういうのは偉くなれないダメ上司であり、偉くなられてしまったら社員全員の不幸となる。

何の問題もない企業などありえない。いくら世間で超優良企業だといわれているところでも、中に入れば困ったことが山積みだ。表向きには隠していることがいっぱいある。

企業の大きさはトップの器《うつわ》で決まるとはよくいったもので、まったくそのとおり。**山積する問題や課題から生まれる矛盾やトラブルに耐えながら、つまり耐え切れるだけの器を持った人がいてなんとかうまく経営していくところが、結局は伸びる企業なのである。**

だから、人間の成長とはその人の「器」、すなわち精神的キャパシティが大きくなっていく過程のことだ。

人を大きくする苦労、ダメにする苦労

ごくごく個人レベルで考えてみると、たとえば株式投資。所持している株の値段が下がってしまったとき、これが一割の下げ幅だったら損切りを決断できる。ところが、三割下落してしまうと、もう損切りできなくなってしまう。

一割くらいの損なら受け入れられても、三割ともなると受け入れられない。その人の損を受け入れるキャパの限界を超えてしまうわけだ。そういうときは、さらなる下落の不安を抱えながら、もう少したつと市場も回復するんじゃないかと考えて自分を納得させたり、または「こんなんじゃ、塩づけしておいたほうがマシだ」と開き直ってじっと我慢の子を決め込む。

いずれにせよ、本人には大変な精神的苦痛だろうと思う。

これが本人でないなら簡単だ。株の常識や理屈で考えて、そりゃキミ、損切りしかないだろう、ということになる。

周りから見たらやめてしまえばいいのにと思っても、当事者はそうはいかない。

これ、経営者の仕事とよく似ている。経営者は抱えている課題をなんとかしようと苦労しているのだが、傍《はた》から見ていると、もうそれについては諦めてしまったらどうですか、といいたくなるようなことが実に多い。

ところが、当事者意識を持ってやっているから、経営者には株でいう損切りがなかなかできないのである。

株も、経営者の仕事も、ポイントは同じだ。こういうときに正しい決断ができるようになるには、自らの精神的キャパシティを上げていくしかない。

昔から、若いうちの苦労は買ってでもしろ、いろんな困難を経験してきた人が最後には偉くなっていくものだ、といわれてきた。いまは説教臭くて流行らない考え方だが、これを大真面目に考えてみると、ナルホド、これも理屈のある話なんだなと、つくづく思うようになってくる。

別に苦労してまで偉くなんかなりたくないという人でも、苦労が自分の精神的キャパシティを大きくしてくれるんだと考えればいい。偉くなろうがなるまいが、自分の精神的なキャパが大きくなると、楽しいことがいっぱいある。

仕事も楽しくなる。

自分のキャパの中でやる仕事は、ラクショーでやれるから楽しくて仕方ない。

たとえば、私たちコンサルタントでいうと、パートナーくらいのポジションなら一人で四本か五本のプロジェクトを抱えると、だいたいそのくらいがキャパのリミットになる。四本ならラクショーで仕事をこなしていたのに、もう一本増やしただけでとたんに苦しくなってしまって、もういけない。その増えた一本どころか、五本ぜんぶが苦しくなってしまうのである。

キャパをはるかに超えた仕事を無理に続けていたら、成長するどころか、その前に肝心の自分がツブれてしまう。

できるなら、**そのときの自分のキャパをちょっと超えたあたりで仕事をして、これだと苦しくはあるが、これをこなせばオレのキャパが上がるんだからいいか、と。そんなふうに仕事をしていきたい。**まあ理想であって、なかなか現実はそうならないが。

キャパが十分に上がって、もう昔のようなことなんて屁《へ》でもないとなれば、どんな仕事も楽々こなせるのはもちろん、あなたの考え方の自由度もグンと広がるはずである。

そのときビジネスが好きになっていたら企業トップを目指すのもいいし、仕事はラクショーでこなしておいて好きな趣味に生きるのもいい。

大真面目な「手抜きのススメ」

キャパを上げるためにはうまく苦労せよ。

自分ではこの考え方はけっこう気に入っているのだが、いささかオーソドックスすぎるきらいもある。そこでもう一つ。

——**仕事は真面目にやりすぎず、いつも三割は手抜きをしよう。**

これも本音である。

というのは、どこでも同じようなものだと思うが、コンサルタントが若いときにやらされる仕事といったら、まずは分析ということになる。修業だからデータを集めて分析をしなさいというわけで、まだ他の仕事はできないんだからこれは仕方ない。

そのとき、いわれたとおりに徹夜も辞さずに全力投球して、質量ともに充実した仕事ができ上がったら、当たり前だけど上司にほめられる。先ほどの話ではないが、精神的なキャパも上がるだろう。

しかし、である。

それから五年、十年したら、分析の仕事などは下の人間がやってくれるようになっていて、クライアントをうまくマネージしろなどと、あなたにはまた別の仕事が求められる。実はこういうことはどの段階でもあることで、要するに、

「いま大事だと思っていることは、ほとんど将来には直接は役立っていない」

のである。

精神的なキャパを大きくするには役立っても、そのとき頑張って身につけたかもしれない仕事のノウハウは、まるで将来の役には立たない。

それどころか、分析をやりなさいといわれて、分析ばかりが重要だと思ってのめり込んでしまうと、その先の成長を阻《はば》んでしまうことがよくあるのだ。

私は、そのときどきの仕事に七割、それ以外のことに三割。このくらいの力配分《ちからはいぶん》がいいと思っている。

これは実は、堀から学んだことでもある。彼の仕事のやり方を身近で見ていると、どんなに切羽《せっぱ》詰《つ》まっていまの仕事が大変でも、ちゃんと三割ぐらいうまく他のことに時間を使っている。

もちろん、十割の力をすべて注ぎ込んで仕事のみに集中しなくてはならない時期もあるし、会社の仕事なんか真面目にやらなくていいという意味でもない。目の前の仕事を七割の力でしっかりやる。

ふつう目の前の仕事というのは、自分の力の七割を目いっぱい使ってやれば、だいたいこなせるものだ。それ以上は、むしろやりすぎというものである。

残した三割の力は、基本的に何に使ってもいい。何に使ってもいいというと軽々《かるがる》しく聞こえるが、この三割の使い方がさまざまな意味であなたの未来を左右する。

私の場合でいえば、この**目の前の仕事とは関係のない三割でやっていたことが、だいたい五年後や十年後の仕事のベースになっていた。**どうやら仕事というものはこうしたものらしいと、いまになってつくづく実感している。

だから、五年後、十年後の自分の将来をイメージして、そこから逆算してこの三割の力の使い方を考えなさい——。

と、これはそういう話でもないのである。

私にはそんな発想はない。

コンサルタントみたいな仕事をしていながら、こうすればこうなる式にロジカルに考えた目標というのを、私はあんまり信じていないのである。できる人はそうすればいいのだが、私にはできないし、する気もない。

戦略づくりを生業《なりわい》にしているから余計に感じるのかもしれないが、**中途半端に戦略的に生きてしまうと、人生、逆に危ないし、味もなくなる。**

いっそ**この三割は、人生目標とは関係なく、何が好きで何が嫌いか、何がしてみたいか、そのレベルで決めたほうがいい。**

というのは、自分で一本のレールのようなものを想定して、そこから一歩もはみ出さず真っ直ぐに生きていくというのは、世間が推奨するほどすばらしいこととは私には思えないのである。

好みのうえでもそう思うし、現実にも案外そうだ。

たとえば、新しいものはいつも辺境から生まれる。

世の中の現在の主流ばかりに目を向けていたら、新しいものは見えてこない。そこからちょっと横に外れたところ、辺境に注目することで初めて次の新しい主流が見えてくる。

実際、オタクの世界というのは思い切り辺境なのだが、これまでも結局はそこから次のメジャーが生まれてきた。七割はいまの主流の中で生きていけばいいとして、残る三割くらいは、メジャーな顔をしながらそういうマイナーな世界に足を踏み入れてみる。こういうことはものすごく大事なことだと思うのだ。

それをムダと呼ぶなら、**ムダもまたいい**。

おわりに（旧版）

経営コンサルティングに携《たずさ》わってきて、いつの間にか二十数年になる。

その間、ほんとうにさまざまな業界の企業、テーマに取り組んできて、そのときそのときには役立った手法やコンセプトはあるものの、だんだんそういうものとは関係なく、どんなコンサルティングでもできるなと思ってきた。

ちょうどそういうときに、本を出さないかという話をいただいた。

もとより、戦略本は私の古巣《ふるす》であるBCGをはじめあらゆるコンサルティング会社から山のように出ているが、改めて自分が持っている能力は何に拠るのかと考えてみると、そのようなものとは次元の違うところにあると気がつくことになった。それがコツなのだと思う。

このコツは経営コンサルティングを通じて得たものではあるが、一般のビジネスにも広く通用する、いわば仕事をうまくやるためのノウハウである。そこで、手法論でないこのコツのようなものを、それが何であって、どうやって獲得し、どのように使えるかを書こうと考えたわけである。この話をＰＨＰ研究所の安藤卓第一出版局長に話すと、「それは面白い。ただし、若い人向けにやさしく書いてほしい」というリクエストをいただき、その線で仕上げたのが本書である。

したがって、専門的なことより汎用性の高いことを中心にまとめ、文章の表現も本人としてはちょっと恥ずかしいくらい、くだけたトーンにした。

私にとっては、もっと論理的にコンサル教科書のように書くほうがよっぽど楽であったが、結果としてでき上がりを読み返すと、表面上のやさしさと逆に、こちらのほうがよっぽど本質を書けたのではないかと思う。中身を見抜いていただければ、実はシニアの経営幹部の方でも楽しんで読んでもらえると自負《じふ》している。そういう意味で、このようなかたちをアドバイスいただいた安藤さんに感謝をしたい。

もちろん、このような本を出せるのは、日頃苦労をともにしている、堀紘一をはじめとするドリームインキュベータの社員のおかげに他ならない。とくに広報担当の井口信幸さんには世話になりました。

コンサルタントには最終的にその人その人の持っている持ち味というものがあり、図らずもこの本が古谷流とでも呼べるものをかなり映し出したものに仕上がり、それが読者の何らかの役に立てば望外の喜びです。

二〇〇四年一月

古谷　昇

〈著者略歴〉

古谷　昇（こたに・のぼる）

1956年、東京都生まれ。1981年、東京大学大学院工学系研究科修士課程修了（計数工学修士）。1987年、スタンフォード大院経営工学修士（MS）。1981年、ボストンコンサルティンググループ（BCG）入社。1991年、同社ヴァイス・プレジデント就任。同社シニア・ヴァイス・プレジデントを経て、2000年、株式会社ドリームインキュベータ（DI）設立、代表取締役に就任。BCG時代は、医薬、消費財、自動車をはじめ、さまざまな分野で、新規事業戦略、営業・マーケティング戦略、研究開発戦略といった数々の戦略策定及び実行を支援。DIでは、大企業に対して技術シーズの事業化や組織戦略を手がける一方、ベンチャー企業に対して上場支援などを行う。現在、参天製薬㈱、㈱ジンズホールディングス、サンバイオ㈱、㈱メドレーの社外取締役を務める。また、PEファンドのアドバイザーやベンチャー企業へ投資、経営アドバイスなども行っている。共著に『知恵は金なり』（PHP研究所）がある。

本書は二〇〇四年にPHP研究所から発刊された『もっと早く、もっと楽しく、仕事の成果をあげる法』を、改題・修正の上、再刊したものです。

装幀・本文デザイン――小口翔平＋後藤司＋村上佑佳（tobufune）
図版作成――桜井勝志
編集協力――市川尚

コンサル0年目の教科書

誰も教えてくれない最速で一流になる方法

2023年9月7日　第1版第1刷発行

著　　者　古谷昇
発行者　永田貴之
発行所　株式会社PHP研究所
東京本部　〒135-8137　江東区豊洲5-6-52
ビジネス・教養出版部　☎03-3520-9619（編集）
普及部　☎03-3520-9630（販売）
京都本部　〒601-8411　京都市南区西九条北ノ内町11
PHP INTERFACE　https://www.php.co.jp/

組　　版　有限会社エヴリ・シンク
印刷所　株式会社光邦
製本所　東京美術紙工協業組合

ISBN978-4-569-85545-5

PHPの本

「共感」×「深掘り」が最強のビジネススキルである

3000億円の新規事業を生み出すビジネスプロデュース思考術

三宅孝之 著

分析は深いが内にこもる「深掘りタイプ」。対人スキルは高いが考えが浅い「共感タイプ」。得意を伸ばし苦手を鍛え、最強になるには。

定価 本体一、五五〇円（税別）